我国区域经济协调互动发展统计测度研究

安 康／著

中国科学技术大学出版社

内 容 简 介

改革开放以来,我国各省域的经济呈现快速增长态势,伴随着经济高速增长的是发展的不协调,这使得经济协调互动发展成为中国宏观经济管理领域受关注的热点问题之一。本书以经济协调互动发展和经济增长两大主题作为研究对象,以省域作为分析单元,以 1988~2007 年作为分析时间段,应用空间统计学和空间面板计量经济学方法对省域经济的空间聚集特征和经济发展的影响因素进行了系统研究。

图书在版编目(CIP)数据

我国区域经济协调互动发展统计测度研究/安康著. ——合肥:中国科学技术大学出版社,2023.1
ISBN 978-7-312-04129-7

Ⅰ.我… Ⅱ.安… Ⅲ.区域经济发展—协调发展—经济统计—研究—中国 Ⅳ.F127

中国版本图书馆 CIP 数据核字(2016)第 324000 号

我国区域经济协调互动发展统计测度研究
WOGUO QUYU JINGJI XIETIAO HUDONG FAZHAN TONGJI CEDU YANJIU

出版	中国科学技术大学出版社
	安徽省合肥市金寨路 96 号,230026
	http://press.ustc.edu.cn
	https://zgkxjsdxcbs.tmall.com
印刷	合肥市宏基印刷有限公司
发行	中国科学技术大学出版社
开本	710 mm×1000 mm　1/16
印张	9
字数	192 千
版次	2023 年 1 月第 1 版
印次	2023 年 1 月第 1 次印刷
定价	38.00 元

序

作为安康的博士生导师,听闻他即将出版博士学位论文,我十分欣慰。待他邀我作序时,我欣然应允。安康来自安徽的一个小县城,经蚌埠、南京转至广州求学并工作,一路走来,辗转辛苦,历经坎坷。对非科班出身的他来说,这本书的成稿用"字字看来都是血,十年辛苦不寻常"来形容也不为过。读博期间,安康不仅在《统计研究》等重要期刊上刊文多篇,还协助我完成多个实证类调研课题,由他牵头负责的实证类课题荣获国家"挑战杯"二等奖和广东省"挑战杯"一等奖,这些都充分证实了他的实证研究能力和组织能力。在他博士毕业后,我曾一度挽留他继续从事教研工作,但他对经济金融实践领域的浓厚兴趣使他最终投身金融事业。在新的工作岗位上,他延续了一贯刻苦钻研的研究态度和求是严谨的工作作风,仍继续利用专业能力从事金融领域的实证研究,我时常听到他在工作和科研领域的好消息。他认真刻苦的工作学习态度、对经济金融领域深有见地的思考以及优秀的组织和调研能力都给我留下了深刻印象。

区域协调发展是我国长期实施的重大区域发展战略。1995年,中共中央在《关于制定国民经济和社会发展"九五"计划和2010年远景目标的建议》中首次提出"坚持区域经济协调发展,逐步缩小地区发展差距"的方针。2007年,时任中共中央总书记胡锦涛同志提出"到2020年区域协调互动发展机制基本形成"。依此而见,将区域经济协调发展作为研究主题具有很强的实践意义。

从目前学术领域研究成果来看,学者多从某一方面对区域经济协调发展进行研究,往往研究结论的系统性不足,而本书则系统性地对这一重要主题进行了探索。本书围绕区域经济协调发展主题,首次界定了区域经济协调发展的概念,提出和构建了我国区域经济协调发展机制体系,并利用多种测度方法对我国区域经济协调发展的现状进行了科学系统的统计测度,同时根据测度结果针对我国区域经济协调发展提出了政策建议。

本书有着较高的理论和实践应用价值。书中所采用的空间计量面板等方法正逐渐被学术界证实为科学有效的空间区域研究工具;所得出的结论能为政府政策决策提供有效信息支持;所提出的区域经济协调发展体系能为政府完善促进区域经济协调发展的政策及体制机制提供科学依据;所构建的区域经济协调发展综合评价方法可作为政府和社会判明区域经济协调发展状况的科学工具。

本书内容主要基于安康的博士学位论文,集中展示了他在攻读博士学位以及工作期间的深入思考及研究,是区域经济研究领域不可多得的优秀实证分析类著作。最后,衷心希望安康能在今后的工作和研究中,继续保持"运筹帷幄之中,决胜千里之外"的信心和勇气,继续发扬"宝剑锋从磨砺出,梅花香自苦寒来"的刻苦钻研精神,继续秉承"博学笃志,切问近思"的学习作风,扬己之长,补己之短,在金融研究领域"更上一层楼"!

韩兆洲
2022 年 6 月

前　　言

　　在经济社会快速发展的当代,我国各省域经济均呈现快速增长态势,然而在经济高速增长的同时,也出现了发展不协调的问题。经济的协调发展关系到各省域经济利益和未来发展战略,更关系到国计民生,经济协调互动发展成为我国宏观经济管理关注的热点问题之一。

　　目前,研究我国区域经济协调互动发展问题的成果虽多,但由于研究采用的方法和时间范围存在差异,得出的结论往往相去甚远,莫衷一是。本书尝试在一个比较清晰统一的逻辑框架下,有针对性地对区域经济协调互动发展问题进行研究,以期得出有用的结论。

　　在内容上,本书的研究可以细分为两大主题——经济协调互动发展和经济增长。本书以省域为分析单元,以1988~2007年为分析时间段,对以上两大主题进行系统研究,并在研究中对三个问题进行了回答:目前我国省域经济发展的现状协调吗？我国经济在可以预测的未来是行将收敛还是发散？我国省域经济在协调发展中的影响要素主要包括哪些？

　　在研究方法上,本书既延续了传统分析经济协调发展的检验方法,又在方法库维度上有所扩展。本书第1章和第2章对研究内容的背景、研究现状以及相关概念进行了介绍;第3章和第4章通过基本的统计指标测度法和传统的经济收敛计量检验法对主题进行分析;第5章主要针对传统经济收敛检验方法的天然"缺陷"(方法针对截面数据),用核密度函数研究了区域经济的增长分布过程;第6章放松了对区域经济系统线性的假设,应用非线性R/S分析方法对反映区域经济离散程度的相关指标进行了研究;第7章放松了区域经济无空间相互影响的假设,应用空间统计学和空间面板计量经济学方法对省域经济的空间聚集特征和经济发展的影响因素进行了分析,得出了一些具有积极意义的结论;第8章从应用角度出发,选取了状态指标和过程指标,构建了一个评价体系;第9章对全书的研究方法进行了总结和展望。

　　经系统研究,本书对以上三个问题的回答如下:

　　首先,就现状而言,目前我国省域经济有着趋异的表现,这在以下章节中有具体论述;第3章通过绝对指标、相对指标以及基尼系数证明了区域经济表现出趋异的态势;第4章通过对区域经济收敛性的几大典型检验,表明了区域经济趋异的态势;第5章通过核密度函数为区域经济逐渐呈现双峰分布的态势提供了依据。

其次,就未来状态而言,在可预测的年份中这种趋异趋势可能还将持续,这在以下章节中均提供了实证证据:第4章通过区域经济收敛性的几大典型检验,预测了区域经济趋异的态势;第5章通过马尔可夫链展望了我国省域经济增长分布演进的趋异态势;第6章通过对反映区域经济离散程度的相关指标的R/S分析,预测了未来20年变异度指标将具有与目前类似的趋异态势。

最后,就区域经济影响因素而言,本书主要利用空间常系数截面回归模型和空间面板数据模型对我国总体的经济影响因素分时间段进行了详细研究。另外,本书应用空间变系数截面回归模型(GWR)对各省域经济影响因素进行了分析,得出了一些较有意义的结论。

目　　录

序 ………………………………………………………………………（ⅰ）
前言 ……………………………………………………………………（ⅲ）
第1章　绪论 …………………………………………………………（1）
　1.1　研究背景及研究意义 …………………………………………（1）
　　1.1.1　研究背景 ……………………………………………………（1）
　　1.1.2　研究意义 ……………………………………………………（2）
　1.2　研究现状综述 …………………………………………………（3）
　　1.2.1　经济协调发展研究进展概述 ………………………………（3）
　　1.2.2　我国经济增长和差异研究进展 ……………………………（4）
　1.3　研究难点及创新之处 …………………………………………（9）
第2章　区域经济协调互动发展——概念及分析 ……………………（11）
　2.1　协调互动发展——一个崭新的论述主题 ……………………（11）
　2.2　区域经济协调互动发展的内涵及主体 ………………………（12）
　　2.2.1　区域经济协调互动发展的内涵 ……………………………（12）
　　2.2.2　区域经济协调互动发展的主体 ……………………………（13）
　2.3　区域经济协调互动发展的机制 ………………………………（14）
　　2.3.1　市场机制 ……………………………………………………（15）
　　2.3.2　合作机制 ……………………………………………………（15）
　　2.3.3　空间组织机制 ………………………………………………（15）
　　2.3.4　援助机制 ……………………………………………………（15）
　　2.3.5　治理机制 ……………………………………………………（16）
　2.4　区域经济协调互动发展的相关理论综述 ……………………（16）
　　2.4.1　区域相互依赖理论 …………………………………………（16）
　　2.4.2　系统理论 ……………………………………………………（17）
　　2.4.3　增长极理论 …………………………………………………（18）
　　2.4.4　累积性因果循环理论 ………………………………………（19）
　　2.4.5　区域梯度发展理论 …………………………………………（19）
　2.5　区域经济协调互动发展研究的理论框架 ……………………（20）

    2.5.1 研究目标框架 …………………………………………………（20）
    2.5.2 研究方法模型框架 ……………………………………………（20）
    2.5.3 样本数据尺度 …………………………………………………（22）

第3章 区域经济协调互动发展现状的统计测度 ……………………………（24）
  3.1 区域经济协调互动发展的静态统计描述 ………………………………（24）
    3.1.1 区域经济的绝对差异描述指标 …………………………………（24）
    3.1.2 区域经济的相对差异描述指标 …………………………………（25）
    3.1.3 区域经济差异的静态指标分析 …………………………………（26）
  3.2 区域经济协调互动发展现状统计测度——以基尼系数为视角 ………（29）
    3.2.1 基尼系数与洛伦兹曲线 …………………………………………（29）
    3.2.2 基尼系数的求解及其分解方法 …………………………………（30）
    3.2.3 我国区域经济协调互动发展现状 ………………………………（33）

第4章 区域经济发展趋同与趋异探讨 ………………………………………（37）
  4.1 区域经济趋同或趋异的理论之辩 ………………………………………（37）
    4.1.1 新古典经济增长学派的经济趋同理论 …………………………（38）
    4.1.2 新经济增长学派的经济趋异理论 ………………………………（40）
    4.1.3 新经济地理学派的经济趋同理论 ………………………………（41）
  4.2 区域经济趋同的主要类型及检验方法 …………………………………（42）
    4.2.1 经济增长的绝对 β 趋同 …………………………………………（42）
    4.2.2 经济增长的条件 β 趋同 …………………………………………（42）
    4.2.3 经济增长的 σ 趋同 ………………………………………………（43）
    4.2.4 经济增长的概率趋同 ……………………………………………（44）
  4.3 我国区域经济增长的趋同检验 …………………………………………（44）
    4.3.1 我国区域经济增长的绝对 β 趋同检验 …………………………（45）
    4.3.2 我国区域经济增长的条件 β 趋同检验 …………………………（48）
    4.3.3 我国区域经济增长的 σ 趋同检验 ………………………………（49）
    4.3.4 我国区域经济增长的概率趋同检验 ……………………………（51）
    4.3.5 结论性述评 ………………………………………………………（53）

第5章 区域经济协调发展增长分布分析 ……………………………………（54）
  5.1 增长分布的目的及原理 …………………………………………………（55）
    5.1.1 增长分布非参数方法的分析原理 ………………………………（55）
    5.1.2 "增长分布"的简单界定 …………………………………………（55）
    5.1.3 区域经济增长分布的路径演绎 …………………………………（56）
    5.1.4 区域经济增长分布的因素分解 …………………………………（57）
  5.2 增长分布的分析工具箱 …………………………………………………（59）

5.2.1　核密度函数估计法 …………………………………………（59）
　　5.2.2　马尔可夫链分析法 …………………………………………（61）
5.3　我国省域经济的协调发展——以增长分布分析为视角 …………（61）
　　5.3.1　数据描述 ……………………………………………………（61）
　　5.3.2　我国省域经济发展分布分析 ………………………………（62）
　　5.3.3　我国省域经济发展模式因素分解 …………………………（65）
　　5.3.4　我国省域经济未来可能的发展态势 ………………………（68）
　　5.3.5　结论性述评 …………………………………………………（69）

第6章　区域经济协调发展分形分析 ……………………………………（71）

6.1　分形分析和 R/S 分析法的原理及模型 ……………………………（71）
　　6.1.1　分形理论及 R/S 分析法介绍 ………………………………（71）
　　6.1.2　分形 R/S 技术的模型与算法 ………………………………（73）
6.2　我国省域经济的协调发展——以分形 R/S 技术为视角 …………（75）
　　6.2.1　数据描述 ……………………………………………………（75）
　　6.2.2　我国省域经济相关指标的分形结果 ………………………（78）
　　6.2.3　分形结果的稳定性检验 ……………………………………（81）
　　6.2.4　结论性述评 …………………………………………………（81）

第7章　区域经济协调发展空间统计分析 ………………………………（83）

7.1　引言 ……………………………………………………………………（83）
　　7.1.1　问题的提出 …………………………………………………（83）
　　7.1.2　空间相关性、空间差异性与区域经济发展 ………………（83）
　　7.1.3　空间统计学和空间计量经济学 ……………………………（84）
7.2　空间统计学和空间计量经济学的研究工具 ………………………（85）
　　7.2.1　空间统计分析工具及其技术 ………………………………（85）
　　7.2.2　空间经济计量分析工具及其技术 …………………………（88）
　　7.2.3　空间经济计量分析工具的改进 ……………………………（93）
7.3　我国省域经济空间聚集特征——基于空间统计学 ………………（97）
　　7.3.1　我国省域经济的空间分布描述 ……………………………（97）
　　7.3.2　我国省域经济的空间相关性检验 …………………………（98）
　　7.3.3　我国省域经济的空间关联局域指标分析 …………………（100）
7.4　我国省域经济空间收敛性分析——基于空间计量经济学 ………（101）
　　7.4.1　区域空间 β 收敛检验模型 …………………………………（101）
　　7.4.2　区域空间收敛实证检验结果 ………………………………（102）
7.5　我国省域经济影响因素分析——基于空间计量经济学 …………（103）
　　7.5.1　理论假设、模型构建和方法选择 …………………………（103）
　　7.5.2　变量选择及数据分析 ………………………………………（105）

7.5.3 我国省域经济的空间计量实证分析 ……………………… (107)
  7.6 总结性述评 ……………………………………………………… (118)

第8章 区域经济协调互动发展评价体系研究 …………………… (119)
  8.1 区域协调互动发展评价体系构建目标及标准 ………………… (119)
    8.1.1 区域协调互动发展评价体系构建目标 ………………… (119)
    8.1.2 区域协调互动发展评价体系构建标准 ………………… (120)
  8.2 区域协调互动发展评价体系构建 ……………………………… (121)
    8.2.1 区域协调互动发展的状态指标 ………………………… (121)
    8.2.2 区域协调互动发展的过程指标 ………………………… (122)
  8.3 区域协调互动发展的综合评价方法 …………………………… (124)
    8.3.1 评价体系中指标的权数确定 …………………………… (124)
    8.3.2 评价体系中指标的无量纲化方法 ……………………… (126)
    8.3.3 综合评价结果的计算与分析 …………………………… (127)

第9章 研究总结与展望 ……………………………………………… (128)
  9.1 研究总结 ………………………………………………………… (128)
    9.1.1 研究方法总结 …………………………………………… (128)
    9.1.2 本书所做的工作 ………………………………………… (129)
  9.2 研究展望 ………………………………………………………… (129)
    9.1.1 研究方法必然有所前进 ………………………………… (129)
    9.1.2 研究主题必然有所深化 ………………………………… (130)

后记 …………………………………………………………………… (131)

第 1 章 绪　　论

本章阐明本书的研究背景和研究意义,并对区域经济协调互动发展相关问题的研究进行文献综述,对研究的各种观点进行评价,指出本书的研究难点和创新之处。

1.1 研究背景及研究意义

1.1.1 研究背景

中华人民共和国成立以来,我国根据时代的不同诉求推行相应的区域发展政策。从宏观上分,区域发展政策主要包括平衡发展政策和倾斜发展政策两大类。新中国成立伊始,为了改变旧时生产力布局极不合理的状况,我国首推平衡发展政策,一直延续至20世纪70年代末。平衡发展政策主要是在全国有计划地合理布局工业生产力,使工业接近原料、燃料生产地区与产品消费地区,提倡各地区内部相互配套,相互平衡,自成体系。改革开放后,由于发展战略、经济体制和运行机制均发生了重大变化,我国开始推行倾斜发展政策。倾斜发展政策以"效率优先、兼顾公平"为导向,鼓励部分地区凭借优越的政策条件、自然区位优势和经济社会基础优先发展。倾斜发展政策的推行经历了几个不同的阶段:改革开放之初至20世纪90年代初,我国首先将发展重点定位在以深圳经济特区为重点的沿海地区;20世纪90年代初至20世纪末,我国开始了以浦东经济特区为龙头的沿江沿边地区重点发展阶段;20世纪末,党的十五届四中全会提出了西部大开发战略,至此倾斜政策的重心实现了第三次转移。倾斜发展政策的实施层次分明,重点突出,循序渐进,在倾斜发展政策的推动下,我国经济整体实现了较快的增长,效率优先的目的得到了体现。但在区域倾斜政策推动的同时,我国区域间的不平等差距问题日渐明显。国家发改委发布的《2008年中国居民收入分配年度报告》显示,2008年,我国东部地区与中部地区、西部地区之间的收入差距分别比上年有所扩大。区域在收入分配上的不协调标志着区域发展存在着不"和谐"危机,这种不协调的区域发展状况不仅对全国区域经济发展产生了多方面的不利影响,而且成为诱发或强化区域之间利益矛盾,妨碍社会和谐与发展的一个重要因素。区域的不平衡发展不仅表现在经济领域,政治、文化以及社会等领域也存在着不平衡现象。具体剖析来看,我国的区域发展具有四个维度特征:区域经济非均衡化、区域行政分散化、区域文化趋异化、区域社会独立化。这些问题如果得不到有效的控制和合理的解决,将与我国全面落实科学发展、构建和谐社会的时代要求不相符。缩小区域发展差距,平衡区域协调互动发展必将成为我国新世纪区域发展政策的主旋律。

鉴于区域协调发展的重要性,区域协调发展已成为我国极为关注的热点问题之一。20世纪90年代中期,我国已将促进区域经济协调发展作为一项重要的国民经济发展方针,写入《国民经济和社会发展"九五"计划和2010年远景目标纲要》;十六届五中全会完整地阐明了促进区域协调发展的总体战略布局;党的十七大报告将"统筹区域协调发展"作为报告的独立篇章加以阐述。这些都充分反映了我国对区域协调发展的高度关注。

区域协调发展也引起了学术界的广泛关注,其中对长三角和珠三角区域协调发展的研究最热。南京大学成立了国家教育部人文社会科学重点研究基地——长江三角洲社会发展研究中心,对长三角经济区域一体化进程进行持续研究;长三角城市经济协调委员会和复旦大学合作建立了长三角城市合作研究中心,在为长三角城市间的合作中起到智囊作用;中山大学成立了国家教育部人文社会科学重点研究基地——中山大学港澳珠江三角洲研究中心,对珠三角经济区域一体化进程保持密切关注。

1.1.2 研究意义

基于以上背景,本书选择区域经济协调互动发展作为研究对象,希望通过多种统计测算方法准确测算出我国区域经济的协调互动发展程度,并希望通过构建统计指标体系对我国区域经济协调互动发展的总体进程进行评价,从而更好地为制定区域经济政策服务。本书的研究意义可归纳如下:

区域经济协调互动发展应是一个动态的过程,研究我国区域经济协调互动发展不仅要关注区域协调发展的当前状态,还要关注区域优势互补的动态发展趋势。当下学者普遍热衷于区域"截面状态"的研究,缺乏对区域协调互动发展"时序动态"的研究,本书拟采用多种统计测度方法从不同角度对区域经济协调互动发展的现状、协调度等进行研究,以期得到准确的测度结果。本书还应用空间统计分析和空间计量分析方法对区域经济的影响要素进行研究,尤其是应用较新的变系数空间回归模型,对各省份的影响要素进行具体研究。本书另一项工作便是在准确把握区域经济协调互动发展内涵的前提下,结合实践中提出的五大区域经济合作机制(市场机制、合作机制、空间网络机制、援助机制、治理机制),试图构建一个科学的、动态的区域经济协调互动发展评价体系,为我国制定促进区域协调发展的有关政策提供决策参考。

1.2 研究现状综述

区域经济协调互动发展牵涉到国家或地区未来发展战略，是关系国计民生的重大问题，必然会引起学术界的广泛探讨，因此相关研究成果颇为丰富。

1.2.1 经济协调发展研究进展概述

对经济协调发展的研究，在一定意义上可以等同于对经济收敛或经济趋同的研究。众多学者推举本领域研究的"开山之作"为 Baumol 和 Abramovitz 的论文。其实对经济协调发展的研究早在 1928 年就已经开始，Ramsey 当时针对区域经济增长趋同问题进行了相关研究，当时得出的结论是：一个封闭经济体内各地区人均增长率可能与人均产出水平存在反向关系，这就是日后相关经济理论所定义的"经济趋同"。Baumol 和 Abramovitz 对于区域经济收敛的研究确实产生了重要的影响，Baumol 主要基于 Maddison 的数据得出结论：自 1870 年以来，16 个较富裕的工业化国家间显示出非常明显的增长趋同性。该论文激发了诸多学者对经济增长趋同研究的浓厚兴趣，区域经济收敛的研究自此如火如荼，很多学者针对区域问题展开了实证分析。

追溯经济趋同的理论源头，趋同的研究来源于新古典经济增长理论的相关探讨，Solow 和 Swan 的古典经济增长模型中都隐含着经济趋同的结论，而新经济增长理论是否认经济趋同现象的，认为经济的增长是趋异的。从一定意义上说，是否存在趋同就成了实证检验新古典经济增长理论和新经济增长理论的一个重要方面。

随着越来越多的研究文献的出现和研究的深入，经济收敛研究的方法库不断扩展。根据可以收集到的文献，目前主要有以下几种定量研究方法：

1. 统计指标分析法

统计指标分析法的基本思想就是利用各种度量差异的统计指标直接度量区域经济差异和分析区域经济差距的动态变化，这种方法最常用。目前使用较多的统计指标有变异系数、阿特金森指数、泰尔指数和基尼系数等。这种方法的不足之处在于其应用的局限性，它只能对区域经济差异进行现状描述，且由于是单一指数，提供的信息有限，需要与其他方法结合方能发挥更大的解释力。

2. 趋同回归分析法

趋同回归分析法以 Barro 和 Sala-I-Martin 的模型及 Mankiw、Romer 和 Weil

的 MRW 分析框架为分析基础,以经典最小二乘法为计量工具。随着趋同定义的不断更新,趋同回归分析法也在不断发展。目前来看,趋同的定义至少包括条件 β 趋同、绝对 β 趋同、σ 趋同、俱乐部趋同、TFP 趋同、随机性趋同等。趋同回归分析法根据不同的趋同定义建立模型进行回归分析,缺陷是分析工具主要以横截面分析为主,难以体现区域经济的动态变化过程。

3. 增长分布分析法

增长分布分析法的基本思想是通过考察一个国家或地区人均 GDP 或劳均 GDP 分布的动态演进方式,即根据增长分布图波峰个数及分布图位移方式,来判断该经济体增长差异的变化。这种方法的代表人物当属 Quah。Quah 曾有针对性地指出:条件趋同偏离了研究经济增长和趋同的初衷。因此,Quah 建议从"赶超"的角度直接考察跨国经济增长分布的演进。Quah 曾利用 105 个国家的相对人均收入数据资料,采用核函数估计对多国相对人均收入进行研究。随后,Galor、Jones、Kumar 和 Russell 等就增长分布的问题做了更加深入的研究。他们的研究主要从三个层面展开:考察增长分布演进的典型事实,考察经济增长分布演进的原因,考察未来的经济增长分布态势。

4. 时间序列法和面板时间序列法

时间序列法侧重于检验各地区经济水平(对数)是否存在单位根,由此判断增长是否存在趋同现象。面板时间序列法以时间序列作为分析基础,其思想与时间序列法一致,将增长趋同分析转化为任意两个主体人均 GDP 差序列的单位根检验。

5. 空间统计和空间计量方法

这是近年来出现的一种新方法,这种方法将空间相关性考虑在内,利用空间统计和空间计量学的截面方法模型来探测和检验区域经济增长过程中表现出的地理空间效应,这种方法取得了不同于以往同类研究的结论。但其多数分析基于横截面数据。

1.2.2 我国经济增长和差异研究进展

梳理完国外对于区域经济协调发展研究的相关理论后,我们将目光转移到我国经济协调发展这个主题上。我国是一个快速发展的大经济体,其经济发展状况一直受到学术界的关注,特别是《国民经济和社会发展"九五"计划和 2010 年远景目标纲要》将促进区域经济协调发展作为重要的国民经济发展方针之后,我国经济的区域协调发展迅速成为研究的热点领域。鉴于我国经济增长研究的重要性和实证性,很多学者做了大量有见地的工作。我国区域协调发展的研究主要包括以下几个方面:

1. 区域经济协调发展的现状研究

学者们主要基于 1.2.1 小节中所述的 5 种方法,对我国区域经济的现状及收敛状况进行了分析和判断。当然，由于不同学者使用的数据和方法不同，得出的结论并不完全一致。

(1) 统计指标分析方法维

Tsui 利用 1952~1985 年我国国民收入数据进行测算，他发现在改革开放前，省域之间虽然存在着强有力的财政转移机制，但是省域间发展差距并未缩小。1993 年，Tsui 又利用中国县域、省域数据，把地区差距进一步分解为省内差异、省际差异、农村内部差异、城市内部差异和城乡差异，并指出城乡差异对地区间产值差异的影响非常显著。

杨开忠利用各省份人均 GNP 的数据，测算出相关加权变差系数并得出结论：省域之间的差异变化以 1978 年为转折点，基本服从倒"U"形曲线。

王云飞利用 Dagum 提出的分解方法，计算了我国东、中、西部及三地之间的基尼系数及其贡献度。计算结果表明，我国的地区收入差距表现为东、中、西部之间的差距，其中以东、西部和东、中部之间的差距为主，三大地区之间的差距自 1990 年以来有扩大的趋势，地区间的基尼系数贡献度占地区总基尼系数的比重已经达到 80%；东部地区内部的收入差距要大于中、西部地区内部的差距。

(2) 趋同回归分析方法维

Jian、Sachs 和 Warner 利用我国 1953~1993 年的数据进行趋同分析，他们认为改革开放后地区经济增长出现了明显的趋同，并且趋同性在沿海地区十分明显。

Chen 和 Fleisher 利用我国 1952~1993 年的省域数据，应用 Solow 模型分析后指出，改革开放前中国各省人均产出呈趋异状况，而改革开放后我国经济则表现为条件趋同状态，趋同速度约为 5.6%。

Li、Liu 和 Robelo 直接引入人力资本存量进行经验研究，他们应用传统的柯布道格拉斯生产函数对我国改革开放后 1978~1995 年的横截面和合成数据进行了实证研究，结论支持我国区域经济收敛的结论，且认为条件趋同速度约为 4.74%。

Demurger 使用我国 1985~1999 年 24 个省域的数据，应用标准的 Barro 模型研究了基础设施和经济增长之间的联系。估计结果显示：省域之间不存在绝对趋同现象，但存在条件趋同状况。

魏后凯沿用 Barro 和 Sala-I-Martin 分析方法，针对我国经济增长的趋同性，计算了自 1976 年以来各省份产出差距的趋同关系，认为中国在 1976~1985 年期间省域间存在着明显的增长趋同，趋同速度约为 2%，而 1985~1995 年则不存在显著的趋同性。

王铮和葛昭攀依据新经济增长理论，发现我国东、中、西部经济发展分别收敛于不同的均衡点。蔡昉和都阳发现我国区域经济增长存在条件趋同和俱乐部趋同。刘夏明等人则认为各地区内部不存在俱乐部收敛。林毅夫和刘明兴发现不同区域之间存在增长收敛，但是同一区域内部出现了人均收入水平趋异。刘木平、舒元引用经典的 MRW 方程分析后认为:我国区域经济增长过程中,不存在绝对的趋同,但存在条件趋同,趋同速度缓慢。

(3) 时间序列和横截面数据方法维

孟健军、川田康治利用 1978~1996 年我国省域数据考察了我国区域经济趋同的相关问题,他们认为:从横断面看,虽然我国经济没有表现出全局性的趋同倾向,但东部地区和中、西部地区各自内部趋同倾向明显;从时间序列看,则没有发现东部地区以及中、西部地区的趋同倾向的稳定性。

(4) 增长分布分析方法维

Aziz 和 Duenwald 对我国各省域的收入分布进行研究,研究结果表明:省域间的收入分布由 1978 年的单峰分布格局逐渐演变为 1997 年的双峰分布格局。徐现祥是国内最系统地利用增长分布分析法研究区域经济差距的学者,他撰写系列论文对我国区域经济协调发展现状进行了研究,他利用非参数估计的 Kernel 密度函数发现:1978~1998 年我国省域经济增长分布不断向右平移,而且呈现双峰状,并且通过马尔可夫链模拟得出我国省域经济最终能够实现协调发展。

周卫峰的博士论文则采用相同的方法质疑了徐现祥结论的存在性,他利用相同年份的数据和测度方法,却难以得出与徐现祥相同的结论,他认为我国省域经济并没有表现出双峰趋同特征。

董亚娟的博士论文则利用增长分布分析方法对浙江省区域经济状况进行研究,她认为浙江省经济呈现出单峰偏态分布模式,但地区经济差距有所扩大。

(5) 空间统计和空间计量方法维

随着中国区域经济研究的不断推进,许多学者开始意识到空间因素对于区域经济研究的重要性。Ying 在中国经济增长的空间统计和空间计量经济研究方面进行了开拓性的工作。他采用探索性空间数据分析(ESDA),对中国 1978~1994 年省域空间经济的扩散效应,从中心—外围的视角,进行了第一阶省域邻接空间相关分析,证实了中国沿海省域与内陆省域间的非均衡经济溢出效应的假设。2003 年,Ying 又利用一个不同于主流研究的理论框架,对中国的经济增长进行分析,他利用空间滞后模型对截面数据进行了分析,结论认为中国省域的 GDP 增长率与其相邻地区具有一定的空间相关性。

鲁凤、徐建华利用完善的探索性空间数据分析(ESDA)方法,对 1978~2001 年间全国各省域人均 GDP 的格局及其空间动态演变进行分析和研究,揭示了 1978~2001 年全国各省域区域经济发展水平及增长的空间自相关和空间异质性,有效地认识了中国经济活动的空间分布特征,并对实证研究的结果进行了成因分析。

吴玉鸣在 Barro 和 Sala-I-Martin 新古典增长模型的基础上,提出了区域经济增长 β 趋同的空间计量经济分析模型框架,并采用 1978~2002 年我国省域的截面数据做实证检验。结论认为:我国省域经济空间联系不断密切,我国区域经济存在收敛现象,趋同的速度约为 2%。

林光平、龙志和、吴梅采用空间滞后和空间误差模型对我国28个省域1978~2002年间实际人均GDP的收敛情况进行了研究,并得出结论:我国省域间经济虽然存在收敛性,但是收敛的速度在减缓。

2. 区域经济协调增长的原因分析

区域经济增长趋同意味着区域之间经济差异缩小。这是与区域经济差异研究理论出发点相反的一种研究思路。在检验我国区域经济增长出现趋同事实的同时,也有一些学者对趋同发生的原因进行了探讨。

Jian、Sachs和Warner认为,欠发达地区在一定程度上赶上了发达地区。中国经济增长趋同性的出现与中国的农村改革有关。

Li、Liu和Robelo认为我国区域经济的高速增长由人口增长、较多的物质和人力资本投资、较高的对外开放程度决定。

Chen和Fleisher认为,导致1978~1993年我国区域经济增长发生条件趋同的因素是物质资本分享、就业增长、人力资本投资和外商直接投资等。

Demurger等选取了我国1978~1998年海航带100 km以内区域的人口、政策、初始国内生产总值、初始农业产值、初始国有企业规模等因素,并对各因素对地区经济发展的贡献进行了计量检验。结果发现,地理和政策要素对沿海地区经济发展同样重要(各占3%),相对政策要素而言,地理要素对地区经济增长的影响有较长的滞后效应,省际经济差距变动的条件趋同较弱。

蔡昉、都阳研究发现,初始人力资本存量、投资率、就业系数、投资效率、市场化程度、开放程度等是重要的趋同条件。

刘木平、舒元认为,1978~1997年我国区域经济增长的趋同条件包括市场化程度、实际外资利用、技术进步、出口、政府支出、固定资产投资、经济外向依存度、地理优势等多个方面。

沈坤荣、马俊认为,具有相同的人力资本投资、对外开放度和工业化水平的地区较易形成趋同。

3. 区域经济非协调发展的成因分析

这个方面的研究更多地体现在对区域经济差异形成和扩大的分析上。研究工作主要是对改革开放以来区域经济差异的变化进行多视角的解释,形成了以下几种观点。

(1) 区域发展战略偏差、经济体制改革和对外开放的渐进式区域推进模式

覃成林认为,改革开放以来所实施的沿海地区优先发展战略和经济体制改革、对外开放的渐进式区域推进模式虽然是国家总体发展的需要,但客观上导致了区域之间发展机会的不均等,是区域经济差异扩大的主要原因。这是多数学者持有的一种观点。

王小鲁、樊纲认为,东部地区长期享受的外资优惠政策、市场导向的外商直接投资以及民间资本流动,加速了东部经济增长。

段雨澜认为,地区间税赋水平的差异是地区差距扩大的重要因素。1985年以后,我国东部地区的税赋水平出现了比较明显的下降趋势。1994年我国实行新税制以后,由于地区经济结构不同,统一的税制在不同的区域产生了不同的税赋效应。资源产品和基础产业的税赋增加,而这些行业多分布在中西部地区,因此,这些产业集中度比较高的中西部地区的税赋有所加重。

范剑勇认为,新中国成立以来,在重工业优先发展战略下形成的生产要素存量配置结构,与要素禀赋结构决定的比较优势相背离,从而导致大量的赶超企业缺乏自生能力。为了实现赶超战略目标,政府就要扶持这些没有自生能力的企业。各种各样的扶持措施影响了市场的正常运转,制约了这些省份的资本积累速度,也制约了技术进步和生产率的提高。东部地区的制造业中心地位正在日益形成和加强,而西部地区却逐渐成为供给农业和原料型初级产品的欠发达地区。

王关义、王忠贤认为,投资额及其在全国所占比重的差异是区域在经济发展上形成巨大差异的重要原因。

当然,也有个别学者,如刘夏明、魏英琪等认为,区域发展战略在中国区域经济差距的形成过程中所起的作用并不十分明显,发展战略和政策可能只是形成区域经济差距的一个必要而非充分条件。

(2) 市场分割和地方保护

在长期计划经济体制和特殊的行政管理体制下,中国各区域之间存在严重的市场分割现象。改革开放之后,区域利益逐渐确立,地方经济管理权限逐步扩大,从而刺激了地方保护主义,使区域市场分割一度越演越烈,阻碍了区域之间进行合理的分工和开展合作。这是学术界多数人的另一个共识。

Xu指出,市场分割和地方保护不仅表现在商品市场上,更体现在要素市场上。中国没有有效的资本市场和劳动力市场,要素的流动受到限制。Cai等学者指出,中国劳动力流动的84%发生在地区内,他们的计量分析也证实了劳动力市场的扭曲是形成地区差距的一个重要原因。

同样,中国的资金流动在很大程度上被限制在地区内部。国家所采取的财政投资分权化的政策,降低了中央政府分配资金的能力,结果使沿海和内陆在投资上的差异不断扩大,对经济差异的扩大起了强化作用。

(3) 区域发展基础和条件

不少学者认为,区域之间的发展基础和条件差异是区域经济差异形成的主要原因之一。区域发展基础和条件主要包括一个区域特有的区位、资源禀赋、社会环境、经济基础和基础设施等。Demurger等认为,地理位置、交通运输、通信设备的差距能解释省际经济增长差距的相当一部分。李兴江、褚清华认为,中国东、西部经济发展不平衡的形成是一个漫长的历史过程,而非短时间内出现的现象。

4. 区域经济协调发展的评价体系研究

关于中国区域经济协调发展的评价问题,国内已有部分学者意识到综合评价的重要性和必要性,并做了许多有见地的工作。

韩兆洲从区域发展差距、工业化、技术进步、城市化、恩格尔系数、现代化等方面,构建了一个区域经济协调发展的综合指标评价体系。蒙少东提出了一个由区域经济发展差距、区域社会发展差距、区域资源与环境发展差距等三大类指标构成的区域经济协调发展评价体系。彭荣胜提出了由区域经济一体化程度、区域经济发展差距程度和区域经济发展速度三大类指标构成的区域经济协调发展评价体系。这些研究工作都讨论了相关指标的测算方法。李兴江、唐志强提出了由经济水平与经济结构、科技进步与人口素质、社会发展与居民物质生活水平和生态环境与自然资源等四大类指标构成的区域经济协调发展评价体系。

国内外学者对于区域经济协调互动发展所做的大量研究工作,在科学认识区域经济协调互动发展的内涵机制,测度区域经济协调互动发展的状况,预测分析区域经济协调互动发展趋势,分析区域经济协调互动发展的成因等方面均做出了重要的贡献。但是,由于区域经济协调互动发展总体上看还是一个新的研究领域,现有研究工作还存在一些有待深入探讨的问题。

首先,对区域经济协调互动发展的概念、内涵和特征等基本理论问题的研究还有待深化。特别是,区域协调发展的本质特征需要结合我国区域经济发展的经验和新时期区域经济发展的特点来深入分析、提炼,同时需要把科学发展观贯穿和融入到区域协调发展的概念、内涵之中,形成新的理论认识。这样既可以为开展区域协调发展研究提供必要的、科学的理论认识基础,又可以为促进区域协调发展实践提供理论指导。

其次,方法工具库还有待完善。从工具库的整体发展过程来看,工具库已经完成了多次飞跃,但仍存在需要改进的地方。譬如,目前的空间统计和空间计量研究方法库中,多以截面数据回归分析为主,较少见到进行截面和时间序列融合的合成数据研究的文献。

最后,对区域经济协调发展的测评研究有待深入。学者们构建的评价体系对区域发展的评价起到了推进作用,但在所构建的评价体系中,缺乏对协调发展的过程评价,没有体现现代协调发展理论中"协调"的含义,更没有反映出区域之间如何在"互动"中协调发展。

1.3 研究难点及创新之处

作为实证类研究,本书的创新主要集中在所使用方法工具库的实用性和新颖性上。方法的创新点也正是本书的难点,具体包括以下几个方面:

第一,本书根据区域主体之间的关系,将区域经济协调互动发展的内涵重新进行了界定,并在国家提出的市场机制、合作机制、互助机制和扶持机制的基础上,提出区域协调互动发展的空间组织机制、援助机制和治理机制,从而构建出一个符合科学发展、具有中国特色的区域协调互动发展机制体系,健全和完善我国的区域协调互动发展机制。

第二,本书借用非线性分形R/S分析方法对我国复杂的经济系统进行分形分析。本书依据我国经济发展三类变异指标的分形分析结果对我国经济未来的收敛形势做出了判断,这对我国区域经济政策的制订具有一定的意义和价值。

第三,本书借用增长分布分析方法对我国经济的现状和未来发展趋势进行分析,并利用相关反事实函数对密度函数曲线变化状况进行分解,从而分离出各类指标对我国经济分布状况的影响。

第四,借用前沿的基于面板数据的空间计量模型方法和变系数回归模型(GWR模型)方法,从省域之间空间关系的视角考察了地区之间在经济增长上互相影响的模式,从而为从空间视角考察影响我国省域经济发展状况及区域经济影响的因素做出贡献。

第五,本书从进程与状态两类指标出发,构建了区域协调互动发展评价体系,并提出可操作的评价方法,避免了现有研究中只关注状态评价而没有进程评价的不足,弥补了现有研究方法不能获得区域协调互动发展影响因素和原因的缺陷。

第 2 章 区域经济协调互动发展
——概念及分析

本章着重从理论上进行探讨,根据原理和内涵对区域经济协调互动发展的市场机制、合作机制、互助机制、扶持机制、治理机制进行探讨,为区域协调互动发展的统计测算打下科学基础。同时简单地回顾区域经济协调互动发展的相关理论,并制订本书的研究目标和理论框架。

2.1 协调互动发展——一个崭新的论述主题

自经济学产生以来,发展便成为经济学持续关注的主题。"发展"的发展,使"发展"发展为"协调发展",再由"协调发展"衍变为"协调互动发展"。虽然文字上的变动微小,但论述主题的范畴已经远远超出了字面的简单变化。那么何谓协调发展? 何谓协调互动发展? 它们之间究竟存在什么区别,这还得从协调互动的含义说起。

"协调"在词典里的规范解释为"配合得适当"。从语用上分析,协调不仅仅是一种静态均衡的理想状态,它还暗含着为实现这种均衡状态所需要耗费的精力。依据协调的规范定义,经济协调应指在各种经济力共同作用下,经济系统所达到的均衡状态以及达到这种均衡状态的趋同过程。从语义上看,互动是指相互发生作用或变化的过程。从语用上看,互动不仅诠释了其字面含义——主体间相互发生作用的过程,而且还蕴含着互动的最终目的——使主体间相互作并而向着积极方向改变。

依据上文对于"协调"和"互动"的诠释,显而易见,在协调发展和协调互动发展的过程中,均衡稳定关系是协调的前提和基础,关系应体现在协调主体之上,因此,明确协调主体及其机制和主要模式是研究协调发展的第一个主要任务。协调是动态和相对的,它是一个始终与发展相联系的具有时间、空间约束的概念,理想状态意义上的协调决定了过程意义上的协调永无止境。

协调发展和协调互动发展描述了经济发展的两个不同阶段。二者之间最重要的区别就是对协调与协调发展问题的"主观态度"。传统的协调发展并非是积极、主动、自觉地寻求经济协调发展,而是消极和被动地接受经济发展带来的协调成果。此阶段经济协调发展的目标实质是经济的增长和发展,协调只是实现这一目标的手段而已,对于协调的关注只是源于对经济发展的"孜孜追求"。将协调和互动联系在一起,便完成了传统经济协调发展到现代经济协调互动发展的飞跃。在协调互动发展中,主体对经济协调发展问题的关注是积极、主动和自觉的。需提及的是,协调和互动的地位并不完全相同,协调是经济发展的核心和重心,它规定了发展的手段和方式,又承载着发展的目标,还明确了评价发展的标准,而互动则给出了达到这种目标所需要的具体方案。然而,协调和互动二者又是合一的,二者均明确了现代经济的发展模式。目前,我国已提出了协调互动发展理念,协调互动发展发展至今,其蕴含的意义也早已超出经济所囊括的领域,扩大为整个人口、社会、经济、科技、环境和资源大系统的协调互动发展。协调互动发展正由封闭型的协调互动发展转换为开放型的协调互动发展。囿于篇幅,本书将以区域经济协调互动发展为研究主题。

2.2 区域经济协调互动发展的内涵及主体

2.2.1 区域经济协调互动发展的内涵

区域经济协调互动发展是一个新概念,把握这个概念既是本书的出发点,也是本书的落脚点。众多学者界定了区域经济协调互动发展的概念。蒋清海认为:"区域经济协调互动发展是在各区域对内对外开放的条件下,各区域间所形成的相互依存、相互适应、相互促进、共同发展的状态和过程,并且形成决定这种状态和过程的内在稳定的运行机制。"覃成林认为:"区域经济协调互动发展是区域之间在经济交往上日益密切、相互依赖日益加深、发展上关联互动,从而达到各区域的经济均持续发展的过程。"王文锦认为:"区域经济协调互动发展是相关区域之间在经济、政治、文化、生态发展上相互联系、关联互动、正向促进,区域利益同向增长,区域差异趋于缩小的过程和状态。"高志刚认为:"区域经济协调互动发展是指在国民经济的发展过程中,既要保持国民经济的高效运转和适度增长,又要促进各区域的经济发展,使区域间的经济差异稳定在合理适度的范围内,达到各区域优势互补、共同发展和共同繁荣的一种区域经济发展模式。"陈秀山认为:"区域经济协调发展是一种强调坚持均衡发展与非均衡发展相结合的动态协调发展战略。它要求在国民经济发展过程中,既要保持区域经济整体的高效增长,又要促进各区域的经济发展,使地区间的发展差距稳定在合理适度的范围内并逐渐趋同,达到各区域协调互动、共同发展的一种区域发展战略。"纵览以上定义,学者大多从经济发展目的的角度认识区域经济协调互动发展。从本质上看,区域经济协调互动发展体现在区域内各主体之间关系的存在性上,把握主体关系可以更深刻地理解其内涵。区域协调互动发展涉及的主体主要包括政府组织、企业组织、非营利组织等,主体之间的关系体现在两个层面上:宏观层面,即政府与企业、政府与非营利组织、企业与非营利组织之间的关系;微观层面,即政府之间、企业组织之间、非营利组织之间的关系。区域经济协调互动发展是相关区域主体通过内在稳定的运行机制,在经济领域相互联系、关联互动、正向促进,区域利益同向增长,区域经济差异趋于缩小的过程和状态。

2.2.2 区域经济协调互动发展的主体

所谓区域协调互动发展的主体,其含义就是能够实现区域协调互动发展的最少类别的微观承载对象。在协调发展的整体进程中,区域主体按照一定的方式搭配与排列,彼此交往,进而衍生出各种各样的相互关系,形成了区域活动的主体结构。区域的主体大致可以归纳为以下几类:

1. 政府

政府作为公共利益的代表,是区域经济协调互动发展最重要的参与者。政府主要通过制定和实施有关区域法规,建设并提供大部分区域的公共设施和公共服务参与到区域经济协调发展互动的进程之中。政府根据层级划分为中央政府和地方政府,中央政府和地方政府在区域经济协调互动发展中肩负着不同的责任。中央政府的目标主要是确保中央制定的法律和区域法规在区域经济协调互动发展中得到贯彻,使区域的发展方向与国家发展战略一致。这些法律法规构成了区域经济协调互动发展的外部制度环境,中央政府的派出机构将监督区域对这些法律的执行情况。对于一些具有战略意义的重要区域的发展问题,中央政府可能会直接参与到区域发展过程之中,直接给予政策上和资源上的支持。地方政府在区域经济协调互动发展过程中,首要是执行中央政府或者上级政府的法律法规,确保一个良好的区域发展外部环境;其次,地方政府承担着区域管理的责任,通过为社会提供公共服务加快区域协调互动发展进程,地方政府提供的公共服务包括公共管理和咨询以及适合区域的公共政策的制定;第三,由于政府具有较强的号召力,还充当着各主体之间沟通的桥梁,在出现重大区域事件或者制定重大的区域战略时,政府会组织各种类型的区域主体就这些重大问题进行讨论磋商。地方政府经常直接参与到区域的建设中来,利用一些杠杆机制弥补市场机制遗留的问题,促进区域的共同繁荣。譬如,地方政府可以利用援助机制直接进行资源再分配,帮助相对落后的地区迎头赶上;还可以加强交通建设和投资以增强区域之间的联系,扩大区域市场,增强区域间流动,实现区域经济协调互动发展。

2. 企业

政府作为公共利益的代言人,在促进区域经济协调互动发展中有着多元目标,不仅追求区域经济的增长,还要充分兼顾民主、公平、社会责任等。而区域经济协调经济互动发展的另一重要参与方——企业,不同于政府,它有着单纯的目标——追求利润最大化。在区域经济协调互动发展的整个进程中,企业通过实现其利润目标积极参与到区域经济协调互动发展进程之中。企业参与区域经济协调互动发展的方式主要有两种:资本合作和技术合作。

3. 非营利组织

非营利组织也被称为第三部门或独立部门,它是区域经济协调互动发展的另一参与主体。在多元主义的社会中,每个非营利组织都有着明确的目标,这种目标可能在一开始是非营利组织发起的基础,并被组织的成员所赞同,反映了成员共同的观点和利益。公民社会团体的目标一般较为宽泛,关注若干比较重要的问题,广泛介入社会政治经济生活。非营利组织主要通过投身区域治理过程参与到区域经济协调互动发展中来。非营利组织投身区域治理主要包括以下几种形式:首先,因非营利组织以公共组织的身份出现,代表着区域公民的权益,它可以弥补政府和市场的不足,直接向其成员提供一些公共服务;其次,它可以与政府合作,就一些区域发展议题进行协商讨论,并在有限的范围内通过政府给予相应的资金支持,提供一些公共服务;最后,公民社会团体可以代表成员的利益与政府和其他组织进行协商和博弈,在区域经济协调互动发展的这个舞台上,为成员谋取更多的利益。非营利组织正是通过参与区域治理,间接地影响着区域经济协调互动发展的整体进程。不过,就目前来看,我国的非营利组织还缺乏必要的独立性,对政府部门还存在着很强的依赖。许多非营利组织由政府发起,其正常工作受到政府部门的严格监督。与此同时,许多非营利组织内部管理水平很低,因此,非营利组织在推动区域经济协调互动发展进程中的作用非常有限。

有些学者将居民也作为区域经济协调互动发展的主体之一,但区域经济协调互动发展更多地依赖区域集体行为的推动,居民个人的力量较为薄弱,且容易产生"搭便车"现象,难以推动区域经济协调互动发展的整体进程,而且居民的多数意志已经由非营利组织表达,因此,若将居民单独列为一大主体进行讨论会存在重叠现象。所以,本书不将居民单独列为区域经济协调互动发展的主体。

2.3 区域经济协调互动发展的机制

区域经济协调互动发展依赖于区域主体之间的良性互动,而主体之间的互动依赖于机制的保障,因此推动区域经济协调互动发展的关键是建立各种不断解决矛盾和化解冲突的内在稳定机制。2007年,党的十七大报告提出"到2020年要基本形成区域协调互动发展的机制"。按照《中共中央关于制定国民经济和社会发展

第十一个五年规划的建议》,区域经济协调互动发展主要包括以下五个机制:

2.3.1 市场机制

市场机制是区域经济协调互动发展的主导机制。在区域协调互动发展中,首位是区域经济的协调互动发展,而利益正是经济发展的原动力,各区域主体在利益的引导下通过市场机制相互作用。根据经济学原理,在市场机制条件下,生产者和消费者完全独立地决定供求总量,并主要通过供求杠杆等手段,利用价格促使资源流通,使所有商品和服务的需求和供给都趋于一致,最终达到竞争性均衡,从而使得资源配置合理化、经济效益最大化,使各区域在经济上协同发展。

2.3.2 合作机制

市场机制的运作不可避免地造成区域活动的外部性,以及区域利益主体之间的信息不对称,从而加剧不同区域主体之间的矛盾与冲突。为了摆脱市场失灵的影响,必须注重合作机制的培养。经济合作与发展组织(OECD)指出合作机制的作用主要有四个:一是环境保护和经济可持续发展等政策问题,需要区域内各地方政府共同努力解决;二是地方政府必须合作解决由于区域经济发展失衡导致的失业和贫困等问题;三是区域内各地方政府必须通过资源与行动的整合才能提升区域竞争力,以应对全球化的激烈竞争;四是地方政府间的横向合作关系具有其他任何合作关系所无法取代的机制。

2.3.3 空间组织机制

区域发展是时间维度和空间维度上的立体展开。在时间维度上,区域发展表现为区域经济的增长、区域社会趋于和谐、区域环境的改善等;在空间维度上,区域发展主要表现为区域空间结构的演化。区域空间结构的演化是指在一定约束条件下,区域内或区域之间发展的资源和要素进行空间优化配置的过程。完善区域空间组织机制,既包括加快空间组织网络的建设和发展,也包括改善区域经济组织网络。

2.3.4 援助机制

援助机制是对资源进行市场配置后的一次再配置,它是区域非均衡发展现状和区域协调发展战略的合理衔接,是调控区域平衡发展的重要手段之一。援助机制也是针对市场失灵的一个补充机制,作为市场机制的补充机制,它与合作机制的区别在于援助机制具有方向性。依照传递对象不同,援助机制可以分为互助机制和扶持机制。互助机制是指那些在一定资源上占有优势的区域向处于劣势的区域进行资源传输;扶持机制主要指中央政府对资源劣势区域的地方政府进行资源支持,尤其是中央对革命老区、少数民族地区、边疆地区等欠发达地区的支持。

2.3.5 治理机制

依照全球治理委员会对治理的界定,治理是各种公共的或私人的机构管理其共同事务的诸多方式的总和。它是使相互冲突的或不同的利益得以调和并且采取联合行动的持续的过程,既包括有权迫使人们服从的正式制度和规则,也包括各种人们同意或认为符合其利益的非正式的制度安排。区域治理主体不仅包括通常所说的区域政府,还包括参与治理的企业以及非营利组织,它们共同承担着公共事务治理的责任。治理机制为各主体提供一个公平的交流平台,各主体可在这个平台上表达自己的利益诉求,通过这样的博弈方式确立共同的目标,建立合作、协商、伙伴关系,以解决公共议题。

2.4 区域经济协调互动发展的相关理论综述

2.4.1 区域相互依赖理论

区域相互依赖理论首先由马克思和恩格斯提出。马克思和恩格斯在《共产党宣言》中明确提出并分析了随着世界市场的开拓,世界经济必然走向相互依赖的原理。西方经济学家在经济相互依赖理论基础之上也做了大量研究,特别是第二次世界大战后,西方经济学家就发达国家之间的相互依赖关系和"南北"之间、"南南"之间的相互依赖关系,不仅从理论上探讨了区域相互依赖理论,而且还通过建立复杂的数学模型,定量分析研究了相互依赖机制。在相互依赖问题上,尽管马克思主义者与西方经济学家的立足点和立场不尽相同,但二者均承认相互依赖的必然性与必要性。这就说明,相互依赖在不同社会制度下虽然有其特殊的具体表现形式,但仍具有一般的本质原因。这些原因可以归纳为:

(1) 生产力具有一种内在的扩张性,当生产力发展到一定程度时,就会超出原有的地域范围,向新的区域转移、扩展、延伸,并在新的区域集中、发展起来。生产力扩展到一切有人居住的地方,有助于将世界范围内的各种生产要素进行新的组合,提高生产要素的利用率,并将各国各地区从物质生产方面密切地联系起来。

(2) 商品经济的发展,必然要冲破分散、狭隘、封闭的自给自足的自然经济格局,在广阔的空间内代之以相互往来和相互依赖。交通通信手段的现代化大大缩短了世界的空间距离,便利了生产要素的流动,加深了相互依赖的程度,而这又将为社会生产力的发展开拓广阔的天地,促进商品经济更大规模的发展。一般说来,商品经济的发展与相互依赖程度的提高呈正相关关系。

(3) 各国各地区之间的差异性决定了发展模式的多样性,形成了各自的经济社会特色。任何一个国家或地区,在经济发展条件上总是优劣并存,因而彼此都有所求。这种内在的经济动力,推动各国各地区之间相互往来以取得相互补充。

(4) 在加速率的作用下,技术的空间推移规模扩大,推移速度加快,技术的更新周期缩短。这种形势一方面使得新技术开发需要扩大技术市场,促进更高技术的研究与开发,以保持其新技术的领先地位;另一方面技术落后的国家或地区需要引进国外新技术,促进自身的技术进步和经济发展。新技术和高技术产业的研究开发耗资巨大,任何一个国家或地区已无力单独进行,需要寻求广泛的协作。这种技术的空间推移和协作更加深了经济上的相互依赖。

(5) 资本的国际化——资本的国际流动速度加快、规模加大——造成了越来越相互依赖的经济环境。

综合以上分析,我们认为区域之间相互依赖是经济社会发展的客观规律,任何区域之间都存在着相互依赖关系,只不过程度有差异而已;相互依赖还意味着双向的传递和影响,而不是只作用于一方;区域通过相互依赖会获得支撑自己发展的有利条件,尽管在相互交往中也存在一些不利效应,但不能因噎废食,割断与其他区域的联系而孤立发展,闭关自守只会失去利用外部有利条件的机会,同时丧失掉相互依赖所带来的促进自身发展的有利效应。

2.4.2 系统理论

系统理论由美国生物学家贝塔朗菲创立,系统理论的核心思想是系统的整体观念。贝塔朗菲强调任何系统都是由大量要素构成的,但系统中各要素不是孤立的,每个要素在系统中都处在一定的位置上,起着特定的作用,系统也并不是各个要素的机械组合或简单相加。事实上,要素之间相互影响、相互关联,构成了一个不可分割的有机整体。系统理论的核心观点可概括如下:

(1) 系统理论强调系统内部各要素之间的联系,认为系统正是通过这种联系与相互作用来实现其整体功能,体现其整体属性,从而使系统呈现出各单一要素所不具备的"整体功能",体现出"整体大于各个部分之和"的新境界。

(2) 系统理论指出要素和系统之间是功能性的关系,系统各要素以功能分化为基础,各种功能是不同的、不可替代的,要素之间是服务关系,子系统内部则是递归性交往关系。

(3) 系统理论还强调系统与外部环境之间的联系,认为一定的外部环境是系统得以存在、发展和发挥其功能的重要条件,系统在和外部环境相互联系和作用的过程中必然会发生物质、能量和信息的交换。

(4) 系统状态与时间序列之间存在相关关系,系统会随着时间变化而发生变化。

(5) 系统理论认为达到最优(功能最优)是系统理论的根本目的,要求在动态中协调整体与部分之间的关系,使整体功能达到最优,同时也包括系统结构形态最优、运动过程最优和性质最优。

系统理论预示着应从系统整体及其整体运动规律层面去认识、考察和把握一个系统及其分要素和子系统,应该用普遍联系的观点和方法去认识、考察和把握一个系统及其分要素和子系统,应该用动态和发展的眼光和思维去认识、考察和把握一个系统及其分要素和子系统。我国作为一个庞大的经济社会系统,各区域就是构成这个大系统的要素或者子系统,根据系统理论,只有开放才能使系统(或子系统)不断地与其外部物质、能量、信息、科技、人才等进行交换,才能走向有序,形成更有利的区域经济结构与功能,使整体与局部效益同步走向最佳。系统理论还预示着各区域都是相互依存和相互依赖的不可分割的整体。区域之间经济不可能独立地发展,必然彼此依存和相互联系。各区域均有义务共同努力、发展自己、协同与配合"他人",以获得系统理论中的"功能最优""整体大于各部分之和"等效应。

2.4.3 增长极理论

增长极理论由法国经济学家佩鲁提出,经过布代维尔、赫希曼等诸多经济学家的发展和完善,现已成为区域经济发展学说的基本理论之一。佩鲁在《略论增长极概念》中指出:"增长并不同时出现在所有地区,而是以不同的强度出现在增长点或增长极,然后通过不同的渠道扩散,对整个经济具有不同的终极影响。"佩鲁所说的增长极是一定的经济环境或经济空间中的领头产业或关键产业,"这些产业产值本身的增长速度高于工业产值和国民经济产值的平均速度"。布代维尔继承和发展了佩鲁的增长极理论,在《区域经济规划问题》和《国土整治和发展极》等著作中系统阐述了他的观点。布代维尔认为增长极有两个明确的内涵:一是作为经济空间上的某种推动型产业;二是作为地理空间上的产生集聚的城镇,即增长中心。赫希曼在《经济发展战略》一书中指出:"经济进步不会在所有地方同时出现,它一旦出现,强有力的因素必然使经济增长集中于起始点附近区域……一个经济体要提高其国民收入水平,必须首先发展其内部一个或几个地区中心的经济力量……在发展过程中,需要这些'增长点'或'发展极'的出现,说明国际间与区域间增长的不平衡性,是增长本身不可避免的伴随情况和条件。"赫希曼认为,发展中国家应该优先发展国民经济产业结构中联系效应最大的产业,通过这些产业的发展引导其他产业或部门迅速发展。总体而言,增长极理论主张优先发展具有优势的地区和产业,把它们培育成增长极,通过增长极带动周边地区和相关产业的发展,最终实现整个区域的经济增长。增长极理论和邓小平提出的"让一部分人、一部分地区先富起来"不谋而合。增长极理论告诉我们,我国选择的区域发展政策是正确之道,利用倾斜发展政策优先发展了最具有优势的地区和产业,倾斜发展区域政策为我们奠定了坚实的经济基础。增长极理论同时也告诉我们区域发展政策虽然强调优先发展,但其最终目的是要实现区域整体的经济增长。增长极理论提示我们,在进行区域政策的选择时,需要合理利用增长极的扩散效应,以实现区域的协调发展。

2.4.4 累积性因果循环理论

累积性因果循环理论又叫循环累积因果理论,由经济学家缪尔达尔提出。累积性因果循环理论是对增长极理论的丰富和完善。缪尔达尔在《进退维谷的美国:黑人问题和现代民主》和《经济理论和不发达地区》中阐述了累积性因果循环原理,他认为在一个动态的社会过程中,社会经济各因素之间存在着循环累积的因果关系。社会经济发展是各种因素相互作用、互为因果、累积循环的结果。他认为区域协调发展是互动的过程,要素之间的聚集由两个阶段组成。第一阶段,发达地区因高收益率吸引欠发达地区的生产要素在本地区聚集,因而阻碍了欠发达地区经济发展。他把第一阶段称为"回波效应"。第二阶段,发达地区发展到一定阶段后,各种生产要素会向周围落后地区扩散,对欠发达地区的发展起到推动作用,最终实现区域的协调发展。他将第二阶段称为"扩散效应"。缪尔达尔认为,在两个阶段中,政府都应该发挥主导作用,因势利导,采取积极的干预政策,促进具有累积优势地区的发展,使这些地区逐步成为增长极,逐渐向落后地区扩散,最后使得整个国家经济趋于平衡。累积性因果循环理论告诉我们,区域的发展应该注重层次性,区域的不协调只是走向区域协调发展之前必须经历的短暂黑暗。区域间的互动作用必将打破这种黑暗,迎来区域协调发展的曙光。累积性因果循环理论还提示我们,在区域发展历程中,政府应该肩负起协调—不协调—协调这种螺旋式发展的主要责任。

2.4.5 区域梯度发展理论

区域梯度发展理论的思想源于美国学者弗农的工业生产生命循环阶段论,区域经济学者把生命循环阶段论引用到区域经济学中,创造了区域梯度发展理论。根据该理论,每个国家或区域都处在一定的经济发展梯度上,世界经济或者国家经济都存在由高梯度区向低梯度区传递的现象,威尔伯等人形象地称之为"区位向下渗透"现象。区域梯度发展理论指出,正是通过国家或区域经济结构的有效转移,国家或区域经济总体才会得到有效提升。区域梯度发展理论对梯度发展模式有如下描述:区域经济增长首先以不同强度出现在不同地区的增长点或增长极上,然后通过不同形式向外扩散,最经典的模式便是点轴开发模式。点轴开发模式主要通过有效的空间组织,把"点"和"轴"两个要素结合在同一空间,通过回波效应和扩散效应,形成增长极—点轴开发—网络开发的梯度推移过程,从而使得区域经济有顺序地从高梯度地区逐步向低梯度地区转移。

2.5 区域经济协调互动发展研究的理论框架

2.5.1 研究目标框架

本书可以细分为两大主题——经济协调互动发展和经济增长,主要以省域作为空间分析单元,以1988~2007年作为分析时间阶段,对两大主题进行系统研究。本书试图在研究中回答三个问题:目前我省域经济发展的现状协调吗?我国经济在可以预测的未来是行将收敛(趋同)还是发散(趋异)?我国省域经济在协调发展中的影响要素主要包括哪些?

2.5.2 研究方法模型框架

本章前两节从学理上给出了协调发展、协调互动发展和区域经济协调互动发展的规范释义,但如何从数量关系上对协调互动发展做出明确的界定,一直是区域协调互动发展研究的一个重点问题。对于区域协调互动发展的界定主要应界定好"均衡稳定"的理想状态。在以前的实践中,均衡发展状态多被定义为按比例发展,随着学术研究的深入和实际新情况的出现,学术界对于协调有了更深刻的认识。据所能查阅的文献,以"经济协调"作为主题词的研究成果虽不多见,但是以其同义词和近义词——"经济收敛"和"经济趋同"为主题的研究已经成为学术界研究的重点和热点问题。依据对协调的理解,从统计学意义上至少有以下几种方法来界定协调发展。

1. 用统计指标界定并测度经济协调状况

我国在经济发展中明确提出"协调"的概念是在20世纪70年代末80年代初,第七届全国人民代表大会第四次会议的政府工作报告将"协调(发展)"定义为"按比例(发展)"。协调最本质的含义是均衡状态及其实现过程,从统计指标上界定,协调互动发展可理解为区域经济整体水平的增长和区域经济差距的缩小。对于区域经济差距的衡量,统计学提供了多种分析指标,如变异系数、基尼系数和泰尔系数等。本书第3章将着重利用统计指标对我国省域协调互动发展现状进行检验,并借助简单的统计分析方法对区域经济未来状况进行预测。

2. 用传统计量经济方法测度经济协调状况

此方法的测度思想主要依据新古典学派、新增长学派和新地理学派的经济理论。Sala-I-Martin在《趋同分析的经典方法》中着重阐述了趋同研究的发展历程，此类方法主要应用经典的最小二乘法检验趋同的存在性，但传统计量经济方法测度的只是区域经济和其自身稳定状态之间的关系，因此，此类收敛只被认为是经济收敛的必要条件，而非充分条件。传统计量经济方法在测度经济协调状况时，通常只能分析区域经济在此测度区间的收敛状况，对于期间区域经济出现的波动状况无能为力。本书第4章将依据新古典学派、新增长学派和新地理学派的经济理论延伸出来的各种收敛特征，应用计量经济方法对1988~2007年时间段进行了各种经济收敛检验。

3. 用增长分布法界定并测度经济协调状况

以条件β趋同为代表的一类趋同在经济趋同研究家族中地位显赫，因此其成为了经济趋同研究的起点。虽然诸多学者利用传统经济计量方法对经济趋同进行了检验，但本书仍然将此"起点"研究作为一个主体部分。以条件β趋同为代表的一类趋同研究虽为起点，但因其自身存在缺陷，也招来了学术界的广泛批评，部分学者认为其偏离了研究经济增长和趋同的初衷，毕竟趋同研究关注的不应是经济体与其自身稳定状态的比较，而应关注经济体之间的趋同关系，关注经济体之间增长分布的演进状况。因此，Quah从增长分布角度重新界定了"协调"或"趋同"，他认为从增长分布上看，区域经济协调意味着各区域分布密度函数的单峰趋势和较高的峰度，他建议从增长分布的角度直接考察经济体增长分布关系。本书将在第5章对我国区域经济在1988~2007年的增长分布状况进行分析，并借用相应的软件对区域经济增长分布影响因素进行分解。

4. 用空间统计学和空间计量方法测度协调状况

研究区域经济协调互动发展，难以绕过区域主体的空间特性。区域经济在地理空间上的效应主要表现为空间相关性和空间差异性，正是因为区域经济在空间上的这两个特性，在对区域经济发展进行研究时，我们有必要将这些重要因素集成起来，从空间的角度对"协调"和"趋同"进行再认识。其实，本质上囊括空间因素的协调和传统的协调并没有太大区别，空间因素只是对经济假设的一个放松，但正是因为存在空间影响因素，我们在方法上必将有所改进，需要采用更加合适的统计和计量方法来进行相应的空间统计分析和空间计量检验。本书主要采用当前比较流行的空间统计学和空间计量经济学的相关研究方法，首先从空间角度对区域经济的分布状况和收敛状况进行分析，并采用空间计量截面和面板模型对区域经济的影响因素进行分析。

本节从不同角度对协调互动发展进行了界定，但究其内容和本质，又是完全统一的，它们都是从某一个具体的角度去解析均衡稳定状态，区别仅仅在于"谁更接近于经济现实,谁更接近于对均衡状态的准确理解"。因此,本书将依照上述的几个界定,分别利用传统的和现代的统计和计量方法对我国省域经济的协调互动状况进行深入挖掘,第6章还将采用非线性分形方法对反映区域协调发展的相关指标进行分形,从而对我国省域经济未来的协调发展状况进行预测。

省域经济发展的计量模型在第7章中有详细分析,主要利用空间常系数截面回归模型和空间面板数据模型对我国总体的经济影响因素分时间段进行详细研究。另外,本书也应用空间变系数截面回归模型(GWR)对各省域经济影响因素进行了分析。

2.5.3 样本数据尺度

区域经济系统是一个复杂的系统,为了研究区域经济的协调发展状况和增长状况,我们需要依据分析框架进行相应的检验,而检验中的每一步工作都需要大量样本数据的支撑。因此,选择合适的样本数据是十分必要的。

1. 样本数据时间尺度选择

目前可得的比较完整的样本数据时间尺度,是以年度衡量的。本书使用的均为年度数据,时间尺度是从1988年到2007年,共20年。这20年我国的区域经济政策也经历了多个发展阶段:1988~1992年,这一时段我国的发展重点定位在以深圳经济特区为重点的沿海地区;1993~1998年,这一时段我国的经济重心定位在以浦东经济特区为龙头的沿江沿边地区;1999~2007年,这一时段西部大开发战略代表着区域政策的第三次转移。

2. 样本数据空间尺度选择

据可以收集到的资料,目前我国区域(除港、澳、台外)存在着多种划分方法,诸如:

2分法把我国划分为2部分,即沿海和内地地区;

3分法把我国划分为3部分,即东部、中部和西部地区;

7分法把我国划分为7个经济协作区,即东北、华北、华东、华南、华中、西北、西南经济协作区;

8分法把我国划分为8大经济区域,即黄河中游、长江中游、东北综合、北部沿海、东部沿海、南部沿海、大西南和大西北经济区域;

31分法依据省域行政单位把我国划分为31个区域;

2134分法依据县域行政单位把我国划分为2134个区域。

样本数据空间尺度选择需考虑诸多影响,就本书的研究主题而言,应选择省域划分方法,这主要基于以下几方面的原因:

(1)省域作为功能性的经济、行政单位,可以运用政治杠杆配合有关空间资源分配的中央政策。西方著名的区域经济学家埃德加.M·胡佛(Edgar M. Hoover)

认为:"最实用的区域划分应当符合行政区划的疆界。"

(2) 在本书研究的时间尺度内(1988~2007年),省域单位基本保持稳定。

(3) 省域作为独立功能性单位,依据其数据计量分析所获得的结论实用性和应用性更强。

(4) 县域虽然也为独立功能性单位,但由于统计自身的原因,县级数据不完整不充分,而省域数据则可避免这类问题,因此在某种意义上,我们的选择"迫不得已"。本书将我国区域依照省域边界划分为31份。

3. 数据来源概况

研究的数据主要来源于公开发表的统计出版物和各地方政府统计部门的数据,具体如下:

国家统计局.新中国五十年统计资料汇编[M].北京:中国统计出版社,1999.

国家统计局.中国统计年鉴(1989~2008年历年)[M].北京:中国统计出版社.

31个省、直辖市、自治区统计局在中国统计出版社出版的省、直辖市、自治区统计年鉴(1989~2008年历年)。

部分城市出版的各城市统计年鉴。

第 3 章 区域经济协调互动发展现状的统计测度

当区域经济差异较小时,可以认为区域经济是协调发展的;当区域经济差异较大时,可以认为区域经济不是协调发展的。因此,如何测度区域经济差异便成为认识区域协调发展现状的关键。本章将对区域经济协调发展的现状做深入了解,主要根据静态统计描述法和相关的动态分解法对区域经济差异状况进行测度。其中,静态描述方法中的指标根据比较方法的不同又可以分为绝对差异描述指标和相对差异描述指标。绝对差异描述指标的变化取决于区域经济总量水平的高低,受极值的影响较大,且不同时点区域间绝对差异不具有可比性;而相对差异描述指标不仅消除了极值的直接影响,而且改变了不同时点不具有可比性的状况,相对差异描述指标的变化主要受经济增长速度的影响。在动态分解法中,本书主要对反映区域经济差异状况的基尼系数进行分解,将其分解为区域内基尼系数的贡献、区域间基尼系数的贡献和区域超变密度的贡献三个部分,以此对中国区域差距的现状进行分析。另外有必要提及的一点就是:从国内外学者对区域经济状况和人均GDP 之间的相关关系研究看,将人均 GDP 作为区域经济差距的衡量指标不仅相对较为合理,而且操作方便可行。本章及后面章节主要应用人均 GDP 作为衡量区域经济状况的主要指标。

本章将主要根据静态统计描述法和相关的动态分解法对区域经济差异现状进行测度。其中,静态描述方法分别选择绝对指标和相对指标对我国 31 个省域经济的现状进行了测度;动态分解法主要利用分解后的基尼系数公式,对我国八大经济区域的经济协调发展现状做分析。

3.1 区域经济协调互动发展的静态统计描述

3.1.1 区域经济的绝对差异描述指标

从统计意义上来解读,差异是指各总体单位变量值与标准值之间绝对离差的程度。统计学中测度变量值之间绝对差异的指标至少有全距、四分位距、平均差和标准差 4 种,下面介绍其中的 3 种。

1. 全距

全距也称极差,是指总体各单位某变量的两个极端值(最大值和最小值)的离差,设 y_{max},y_{min} 为区域之间的最大值与最小值,则全距 R 为

$$R = y_{max} - y_{min} \tag{3.1}$$

全距计算简便,意义清楚,但是易受极端值的影响。如果统计资料是组距变量数列,尤其是遇到开口组资料时,全距的测定只能是一个近似值。

2. 平均差

平均差是标值离差的算术平均值,计算公式为

$$D = \frac{1}{N}\sum_{i=1}^{N}|y_i - \bar{y}| \tag{3.2}$$

式中,D 为平均差,y_i 为 i 地区指标值,$\bar{y}$ 为各地区指标的平均值,N 为地区数。

3. 标准差

标准差又称为均方差,是统计中测度指标离散程度常用的指标,计算公式为

$$S = \sqrt{\frac{1}{N}\sum_{i=1}^{N}(y_i - \bar{y})^2} \tag{3.3}$$

式中,S 为标准差,y_i 为 i 地区指标值,$\bar{y}$ 为各地区指标的平均值,N 为地区数。

3.1.2 区域经济的相对差异描述指标

相对差异测度的是各总体单位变量值与对应值之间的相对关系。相对差异实质上就是统计学中的比较相对数。在区域经济中,测度区际相对差异的常用指标至少有相对极差、不平衡差和变异系数 3 种。

1. 相对极差

相对极差是指同一时间同类指标的最大值与最小值的比值,若比值接近于 1,表示不同区域间的差异比较小,若比值较大,就需要进一步分析引起这一问题的原因。设 y_{max},y_{min} 为区域之间的最大值与最小值,则相对极差 D 为

$$D = \frac{y_{max}}{y_{min}} \times 100\% \tag{3.4}$$

2. 不平衡差

不平衡差是指不发达区域与发达区域不平衡差距比值。其值越大,表明区际之间的发展越不平衡。设 y_{max},y_{min} 为区域之间的最大值与最小值,则不平衡差 B 为

$$B = 1 - \frac{y_{min}}{y_{max}} \tag{3.5}$$

3. 变异系数

变异系数建立在标准差和平均值的基础之上,是衡量收入或经济差异使用最多的一个统计量。其公式为

$$CV = \frac{S}{\bar{y}} \tag{3.6}$$

式中,CV 为变异系数,S 为标准差,$\bar{y}$ 为平均值。

3.1.3 区域经济差异的静态指标分析

区域经济差异一直是决策者和学者十分关注的问题,关于区域经济差异的现状,不同的专家学者结论不尽相同。本书首先将人均GDP作为经济发展的主要反映指标对各省域经济状况进行现状描述,为了详细全面地考察我国的经济协调发展状况,又依照国内比较流行的经济区域划分方法,对我国八大经济区域之间协调发展状况做了现状描述。

1. 我国经济区域的划分

历史上,为顺应不同的社会条件,我国曾进行过不同的区域划分。20世纪50年代我国的经济区域仅简单地划分为沿海和内地;20世纪60年代,我国的经济区域被划分为一线、二线和三线地区;改革开放以后,我国的经济区域划分方法更是层出不穷。到目前为止,关于区域划分存在多种方法,主要有:三大地带划分法、大综合经济区划分法、七大经济区划分法、九大经济区划分法、九大"大都市经济圈"等。这些区域划分方法充分反映了区域经济的活跃程度和跨行政区划的经济联动诉求。研究区域经济必须从经济角度来界定经济区域,不仅需要考虑各区域社会资源的优化配置和区域经济结构的战略布局,而且需要考虑区域内的市场结构、消费结构、商业联系等内在的经济活动。按照这样的指导思想,在进行区域划分时应该遵循以下原则:空间的相邻性、自然条件和生产要素的结构相似性、经济发展水平的相似性、经济体之间联系的密切性、社会结构的相似性、历史的延续性。据此,国务院发展研究中心在2006年进行的区域划分比较科学合理,具体划分如下:

(1) 黄河中游综合经济区:包括陕西、山西、河南、内蒙古四省份;
(2) 长江中游综合经济区:包括湖北、湖南、江西、安徽四省份;
(3) 东北综合经济区:包括辽宁、吉林、黑龙江三省份;
(4) 北部沿海综合经济区:包括北京、天津、河北、山东四省份;
(5) 东部沿海综合经济区:包括上海、江苏、浙江三省份;
(6) 南部沿海综合经济区:包括福建、广东、海南三省份;
(7) 大西南综合经济区:包括云南、贵州、四川、重庆、广西五省区份;
(8) 大西北综合经济区:包括甘肃、青海、宁夏、西藏、新疆五省份。

2. 区域经济差异的测度结果分析

根据统计年鉴数据整理并计算,得出我国 31 个省域人均实际 GDP 和我国八大经济区域人均实际 GDP 的相关统计指标,具体结果如表 3.1 和表 3.2 所示。

表 3.1 我国 31 个省域人均实际 GDP 统计分析表

年份	全国人均实际GDP(元)	人均实际GDP极值(元)		全距(元)	标准差(元)	标准差系数	相对极差	不平衡差
		极大值	极小值					
1988	1492.22	5033.39	677.24	4356.15	950.25	0.64	7.43	0.87
1989	1589.23	5100.85	714.04	4386.81	967.22	0.61	7.14	0.86
1990	1666.49	5231.61	734.51	4497.10	978.22	0.59	7.12	0.86
1991	1732.34	5598.27	754.87	4843.40	714.04	0.41	7.42	0.87
1992	1833.34	6051.53	749.70	5301.83	1138.93	0.62	8.07	0.88
1993	2086.78	7138.23	796.02	6342.21	1332.20	0.64	8.97	0.89
1994	2396.51	8132.66	868.87	7263.79	1522.11	0.64	9.36	0.89
1995	2712.03	9184.49	918.08	8266.41	1704.18	0.63	10.00	0.90
1996	2858.26	9572.33	968.94	8603.39	1773.83	0.62	9.88	0.90
1997	2905.19	9851.53	960.04	8891.49	1831.10	0.63	10.26	0.90
1998	2890.59	9825.58	936.35	8889.23	1851.79	0.64	10.49	0.90
1999	2860.65	9704.01	672.69	9031.32	1871.54	0.65	14.43	0.93
2000	2871.03	9822.12	661.98	9160.14	1884.26	0.66	14.84	0.93
2001	2882.45	9855.21	917.63	8937.58	1895.53	0.66	10.74	0.91
2002	3030.10	10361.75	950.37	9411.38	2166.70	0.72	10.90	0.91
2003	3130.11	10371.57	977.11	9394.46	2228.10	0.71	10.61	0.91
2004	3366.60	11125.65	1031.93	10093.72	2381.27	0.71	10.78	0.91
2005	3497.95	11129.95	1087.38	10042.57	2403.71	0.69	10.24	0.90
2006	3599.43	11037.20	1115.13	9922.07	2404.97	0.67	9.90	0.90
2007	3775.20	11302.60	1188.34	10114.26	2445.86	0.65	9.51	0.89

表 3.2 我国八大经济区域间人均 GDP 统计分析表

年份	全国人均实际 GDP(元)	人均实际 GDP 极值(元)		全距(元)	标准差(元)	标准差系数	相对极差	不平衡差
		极大值	极小值					
1988	1395.44	2208.62	816.02	1392.60	512.32	0.37	2.71	0.63
1989	1502.04	2283.80	889.05	1394.75	534.58	0.36	2.57	0.61
1990	1564.39	2301.76	985.49	1316.27	513.63	0.33	2.34	0.57
1991	1635.83	2433.56	1020.90	1412.66	565.17	0.35	2.38	0.58
1992	1747.91	2729.83	1044.78	1685.05	654.82	0.37	2.61	0.62
1993	2024.09	3314.75	1152.87	2161.88	833.07	0.41	2.88	0.65
1994	2352.70	3939.63	1326.63	2613.00	997.32	0.42	2.97	0.66
1995	2709.93	4586.53	1491.30	3095.23	1170.38	0.43	3.08	0.67
1996	2865.94	4835.20	1593.30	3241.90	1206.74	0.42	3.03	0.67
1997	2907.43	4922.91	1616.64	3306.27	1230.40	0.42	3.05	0.67
1998	2882.31	4928.99	1601.69	3327.30	1257.34	0.44	3.08	0.68
1999	2814.76	4886.34	1541.62	3344.72	1259.41	0.45	3.17	0.68
2000	2845.32	4979.89	1510.08	3469.81	1299.58	0.46	3.30	0.70
2001	2876.71	5087.94	1509.58	3578.36	1330.49	0.46	3.37	0.70
2002	2959.86	5274.02	1524.62	3749.40	1438.59	0.49	3.46	0.71
2003	3067.74	5593.75	1543.32	4050.43	1532.79	0.50	3.62	0.72
2004	3307.85	6062.71	1655.69	4407.02	1644.33	0.50	3.66	0.73
2005	3483.66	6377.26	1701.55	4675.71	1734.12	0.50	3.75	0.73
2006	3608.50	6595.53	1744.75	4850.78	1789.77	0.50	3.78	0.74
2007	3802.38	6909.31	1854.76	5054.55	1853.15	0.49	3.73	0.73

(1) 绝对指标测度分析

表 3.1 和表 3.2 分别给出了我国 31 个省域和八大经济区域的经济指标分析结果。从全距看，表 3.1 显示我国 31 个省域的人均 GDP 的差距呈逐年扩大的趋势，我国省域人均 GDP 全距从 1988 年的 4356.15 元扩大到 2007 年的 10114.26 元，20 年间扩大了约 1.32 倍。从标准差看，我国省域人均 GDP 的标准差从 1988 年的 950.25 元扩大到 2007 年的 2445.86 元，20 年间扩大了约 1.57 倍。表 3.2 验

证了上述结果,八大区域之间人均 GDP 全距从 1988 年的 1392.60 元扩大到 2007 年的 5054.55 元,20 年间扩大了约 2.63 倍;八大区域之间人均 GDP 的标准差从 1988 年的 512.32 元扩大到 2007 年的 1853.15 元,20 间扩大了约 2.62 倍。这些指标都充分反映了区域经济在这 20 年间存在趋异现象。并且对比表 3.1 和表 3.2 数据可知,八大区域之间的经济趋异现象比省域内部的经济趋异现象可能更为严重。这些数据提示我们制定经济政策时应该具有倾向性。

(2) 相对指标测度分析

标准差系数是一个重要的反映差异程度的指标。从标准差系数看,2007 年全国省域人均 GDP 标准差系数较 1988 年有所提高,尤其在 1999~2002 年,标准差系数一直保持着增大趋势,2003 年以后,标准差系数得到了有效控制。标准差系数的表现与我国的区域经济实际状况基本符合。表 3.2 得出了基本类似的结论,唯一不同的是八大区域的标准差系数在 2003~2007 年一直保持着稳定增长的态势。对比表 3.1 和表 3.2,标准差系数的微小差异充分说明了我国区域经济之间的不协调更多地缘于八大经济区域之间的差距,更增强了上文所得相关结论的可靠性。

以上指标虽然是从不同角度进行描述的,但得出的结论基本相同:经济存在趋异的现象,且表 3.1 和表 3.2 相互提供了证明。在选用指标对区域经济差异进行描述时,全距、标准差等区域绝对差异描述指标显得过于简单和绝对化,而且难以显现经济增长对经济差距带来的影响;从标准差系数、相对极差和不平衡差等相对指标进行认识,可以提供更为客观的现实证据。

3.2 区域经济协调互动发展现状统计测度
——以基尼系数为视角

除了用以上基本的统计指标对经济差异进行描述之外,我们还经常使用泰尔指数和基尼系数两个指标对经济差异进行描述。泰尔指数通常分解方法唯一,且没有考虑子样本的分布状况,而基尼系数很好地弥补了这一缺陷。下面用基尼系数对区域经济的差异进行测度。

3.2.1 基尼系数与洛伦兹曲线

基尼系数由意大利经济学家 Gini 提出,是经济学中经典的测度指标,主要用于定量测定收入分配差异程度(本书用该指标反映区域经济的差异程度),其具体的经济含义是:居民全部收入中用于进行不平均分配的那部分收入占总收入的百分比。提起基尼系数,不能不提到洛伦兹曲线,因为二者总是相伴出现。洛伦兹曲线最早由美国经济统计学家 Lorenz 为了研究财富、土地和工资收入的分配是否公平而提出,洛伦兹曲线为我们提供了一个很直观的了解"贫富差距"的工具。对区域经济差异而言,洛伦兹曲线以人口累计频率为横坐标,以各区域经济总量累计频率为纵坐标,建立一个正方形,如图 3.1 所示。从实际意义上说,区域间的人均 GDP 既不可能完全不平等,也不可能完全平等,应介于两者之间。在洛伦兹曲线上表现为:既不可能完全是折线 OCD,也不可能完全是 45°线 OD,而应向横轴凸出,但凸出的程度有所不同。在图 3.1 中,收入分配越不平等,洛伦兹曲线越向横轴凸出,它与完全平等线 OD 之间的面积就越大。洛伦兹曲线与 45°线之间的部分 A 叫"不平等面积",当收入分配达到完全不平等时,洛伦兹曲线成为折线 OCD,OCD 与 45°线之间的面积就是"完全不平等面积"。

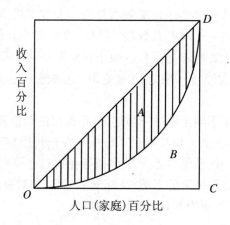

图 3.1 洛伦兹曲线示意图

在洛伦兹曲线基础之上,出于直观性优点的考虑,通常用基尼系数的图形公式表示不平等程度。基尼系数 G 的图形计算公式为

$$G = \frac{S_{\text{曲线与OD围成的图形}}}{S_{\triangle OCD}} = \frac{S_A}{S_A + S_B} \qquad (3.7)$$

据公式(3.7),基尼系数的区间为 $[0,1]$,基尼系数为 0 表示居民之间的收入分配绝对平均,也就是说人与人之间收入没有任何差异,基尼系数为 1 表示居民之间的收入分配绝对不平均。这两种极端情况只具有理论意义,实际情况中一般不会出现。按国际上通用的标准,基尼系数小于 0.2 表示绝对平均;0.2~0.3 表示比较平均;0.3~0.4 表示基本合理;0.4~0.5 表示差距较大;0.5 以上表示收入差距悬殊。

3.2.2 基尼系数的求解及其分解方法

基尼系数的图形求解公式上文已经给出,基尼系数的数学求解公式为

$$G = \frac{1}{2N^2 \bar{y}} \sum_{j=1}^{k} \sum_{h=1}^{k} \sum_{i}^{n_j} \sum_{r}^{n_h} |y_{ji} - y_{hr}| \tag{3.8}$$

式中,y_{ji}和y_{hr}分别表示区域j和h经济体(本书中对应的是大区域)的人均 GDP,$j,h = 1,2,\cdots,n$(n 表示经济体的总数);k 是样本经济体的个数;n_h 和 n_j 表示区域h 和j 内经济体的个数;$\bar{y}$ 代表整个区域的人均 GDP。$\bar{y} = \frac{1}{N} \sum_{j=1}^{k} \sum_{i=1}^{n_j} y_{ij}$ 是区域之间基尼系数总影响值的计算公式。但基尼系数总影响值是由多方面的贡献组成的,其中包括区域之间差距的贡献、区域内部差距的贡献等,在利用基尼系数对区域经济状况进行分析的时候,还需要对区域基尼系数做一定分解,以全面客观地了解区域经济的协调发展状况。在进行基尼系数统计分解前,先做如下假设:

假设 1: 每个区域为一个总体单位,n 个总体单位的收入按升序排列为
$$Y = (y_1, y_2, y_3, \cdots, y_n)$$
地区间平均收入为
$$\langle y \rangle = \frac{1}{n} \sum_{i=1}^{n} y_i$$

假设 2: 总体被分成了 s 个子群,第 k 个子群记为 $\Omega_k(k=1,2,\cdots,s)$,该子群的第 i 个单位为 y_{ki},单位数为 n_w,平均收入为 μ_w,人口份额为 $\nu_w = \frac{n_w}{n}$,收入份额为 $\theta_w = \frac{n_w \mu_w}{n \mu}$。

通常来看,基尼系数可以分解为组内差距的贡献 G_W 和组间差距的贡献 G_B,即 $G = G_W + G_B$,但分解理念的不同"成全"了基尼系数的三种分解方法。

第一种分解方法是先求出组内不平等对基尼系数的贡献额 G_W,将基尼系数的剩下部分归结为组间不平等的贡献额 G_B。在此方法中,由于不同学者基于组内基尼系数的权数不同又可细分为两类:

Rao 主张组内基尼系数的权数为各组人口份额,即
$$G = \sum_{k=1}^{s} v_k G_k + G_B \tag{3.9}$$

Mangahas 则认为组内基尼系数的权数为各组的收入份额,即
$$G = \sum_{k=1}^{s} \theta_k G_k + G_B \tag{3.10}$$

需要说明的是,虽然式(3.9)与式(3.10)都用 G_B 表示组间的不平等,但其含义已经完全不同。其原因在于,在总量 G 确定的条件下 G_W 已经发生了变化,作为剩余部分的 G_B 也不再相同。

第二种分解方法是先求出组间不平等对基尼系数的贡献额 G_B,剩下部分则归结为组内不平等对基尼系数的贡献额 G_W。Bhattacharya 和 Mahalanobis 提出先

分解出组间基尼系数贡献额，即 $G_B = \frac{1}{2}\sum_{k=1}^{s}\sum_{l=1}^{s}v_k v_l \left|\frac{\mu_k}{\mu} - \frac{\mu_l}{\mu}\right|$，再用总体基尼系数减去 G_B，表示组内不平等 G_W 的贡献额，即总体基尼系数为

$$G = \frac{1}{2}\sum_{k=1}^{s}\sum_{l=1}^{s}v_k v_l \left|\frac{\mu_k}{\mu} - \frac{\mu_l}{\mu}\right| + G_W \tag{3.11}$$

以上两种分解方法的分解理念实质上都是先求出 G_W 和 G_B 的任意一项，然后将总体的余额归为剩余项，从严格意义上来说这些都不是真正的统计分解。因为以上两式中 G_W 和 G_B 总会有一项缺乏明确的经济含义，在进行实证分析时解释能力较差。为了弥补以上两种分解方法的"天然缺陷"，出现了第三种分解方法。

第三种分解方法是分别求出组内和组间不平等的贡献额，加上一个可能的剩余项 G_R，其中组内不平等的贡献额为组内基尼系数，组间不平等就是以各组算术平均数计算出的组间基尼系数，剩余项 G_R 由各组之间可能的交叠产生，即

$$G = G_W + G_B + G_R \tag{3.12}$$

在式(3.12)中，G_W 和 G_B 均有明确的经济意义，正是由于第三种分解方法较前两种方法有其特有的优点，因此第三种方法一直受到极大的关注。应该说，式(3.12)的三项分解比两项分解能提供更多的信息。

依照第三种分解理念，很多学者提出了自己的分解方法，其中影响最大的当属 Dagum 的基尼系数分解法。Dagum 依照第三种分解思路将区域经济差异分解为区域内经济差距的贡献(G_W)，区域间差距的贡献(G_B)和超变密度的贡献(G_R)。

Dagum 认为区域内经济差距的贡献可以表示为

$$G_W = \sum_{j=1}^{k} G_{jj} p_j s_j \tag{3.13}$$

式中，$p_j = \frac{n_j}{N}$，$s_j = \frac{n_j \bar{y}_j}{N\bar{y}}$，$G_{jj}$ 代表每一区域 j 内部的对基尼系数的贡献，可以定义为

$$G_{jj} = \frac{1}{2n_j^2 \bar{y}_j} \sum_{i=1}^{n_j}\sum_{r=1}^{n_j} |y_{ji} - y_{jr}| \tag{3.14}$$

G_W 可以理解为区域内基尼系数的加权平均值。

区域间经济差距的总贡献和区域间超变密度的总贡献分别为

$$G_B = \sum_{j=2}^{k}\sum_{h=1}^{j-1} G_{jh}(p_j s_h + p_h s_j) D_{jh} \tag{3.15}$$

$$G_R = \sum_{j=2}^{k}\sum_{h=1}^{j-1} G_{jh}(p_j s_h + p_h s_j)(1 - D_{jh}) \tag{3.16}$$

G_{jh} 衡量的是子区域 j 和子区域 h 之间的经济差距的贡献，定义为

$$G_{jh} = \frac{1}{2n_j n_h (\bar{y}_j + \bar{y}_h)} \sum_{i=1}^{n_j}\sum_{r=1}^{n_h} |y_{ji} - y_{hr}| \tag{3.17}$$

D_{jh} 为 j 和 h 区域间的相关经济富裕度，$\bar{y}_j > \bar{y}_h$。从数学角度看，即

$$D_{jh} = \frac{d_{jh} - p_{jh}}{d_{jh} + p_{jh}}$$

其中

$$d_{jh} = \int_0^\infty dF_j(y) \int_0^\infty (y-x) dF_h(x)$$

$$p_{jh} = \int_0^\infty dF_h(y) \int_0^\infty (y-x) dF_j(x)$$

$F_h(F_j)$ 是 $y_h(y_j)$ 累积密度函数。

这样，区域总基尼系数可以分解为

$$\begin{aligned} G &= \frac{1}{2N^2 \bar{y}} \sum_{j=1}^k \sum_{h=1}^k \sum_i^{n_j} \sum_r^{n_h} |y_{ji} - y_{hr}| \\ &= \frac{1}{2N^2 \bar{y}} \sum_{j=1}^k \left(\sum_i^{n_j} \sum_r^{n_h} |y_{ji} - y_{hr}| \right) + \frac{1}{2N^2 \bar{y}} \sum_{j=2}^k \sum_{h=1}^{j-1} \left(\sum_i^{n_j} \sum_r^{n_h} |y_{ji} - y_{hr}| \right) \\ &= G_W + G_B + G_R \end{aligned} \tag{3.18}$$

3.2.3 我国区域经济协调互动发展现状

由于我国省份众多，若从省域单位研究区域基尼系数，将非常复杂。本书应用目前比较典型的经济区域划分办法，对我国基尼系数根据八大经济区域进行分解，希望通过分解结果提供一些有用的结论。

1. 实证方法和数据来源

由于以不变价格计算的基尼系数更能反映我国经济区域之间的差距，本书以下的分析将以1988年的价格作为不变价格计算人均GDP（1988=100），根据Dagum的分解方法，对1988～2007年的全国的基尼系数和区域间基尼系数的贡献度、区域内基尼系数的贡献度和区域间超变密度的贡献度进行测度。所有数据来自于《2008中国统计年鉴》和各省市统计年鉴。

2. 实证结果

本书计算出1988～2007年我国区域经济总基尼系数、八大区域内经济基尼系数、八大区域间经济基尼系数和区域间超变密度贡献等四个数值，具体结果如表3.3所示。据表3.3可以看出，我国绝大部分年份的总基尼系数在0.3～0.4之间，依照国际上的通用标准，属于基本合理的区间，表示着我国的区域经济发展差异虽有扩大的趋势，但基本保持在稳定合理的范围内。

表 3.3 我国区域经济基尼系数分解表

年份	总基尼系数	区域内基尼系数	区域间基尼系数	区域间超变密度贡献
1988	0.3188	0.1225	0.1902	0.0061
1989	0.3075	0.1119	0.1898	0.0058
1990	0.2961	0.1095	0.1807	0.0059
1991	0.3072	0.1103	0.1905	0.0064
1992	0.3176	0.1111	0.2001	0.0065
1993	0.3327	0.1132	0.2129	0.0066
1994	0.3346	0.1159	0.2121	0.0066
1995	0.3217	0.1099	0.2048	0.0070
1996	0.3167	0.1075	0.2023	0.0069
1997	0.3210	0.1092	0.2057	0.0061
1998	0.3297	0.1139	0.2096	0.0062
1999	0.3384	0.1084	0.2238	0.0062
2000	0.3175	0.1086	0.2028	0.0061
2001	0.3345	0.1167	0.2116	0.0062
2002	0.3629	0.1186	0.2376	0.0067
2003	0.3646	0.1193	0.2385	0.0068
2004	0.3587	0.1065	0.2455	0.0067
2005	0.3371	0.1064	0.2244	0.0063
2006	0.3285	0.1027	0.2196	0.0062
2007	0.3276	0.1073	0.2143	0.0060

3. 我国区域经济总基尼系数贡献度分析

从表3.3和图3.2可以发现,1988～2007年这20年间,总基尼系数经历了多次波动,其中1996～2002年更是经历了几番"沉浮",总基尼系数在2000年时曾一度到达谷底,2002年迅速回升,2002年之后总基尼系数再次呈现出明显的下滑趋势。具体地看,1988年到1990年,我国区域总差距基尼系数稍有缩小,即从0.3188下降到0.2961,下降了7.1%;1990年后,总基尼系数明显上升,从1990年的0.2961上升到1994年的0.3346,上升了13%,显然这段时期我国区域经济差距明显扩大;1994~2001年,我国区域总基尼系数基本维持在一个比较稳定的水平上,但稳中有降;2000~2003年,我国区域总基尼系数迎来了新的一轮快速增长,仅仅用了3年时间,总基尼系数从2000年0.3175增长到2003年的0.3646;2003年总基尼系数达到一个高峰值之后,开始下降,至2007年,区域总基尼系数已经控制在0.3276。区域经济总基尼系数的变化与经济政策存在着密切关系。20世纪90年代初,随着经济政策向以深圳经济特区为重点的沿海地区倾斜,沿海地区快速优先发展,直接导致了随后几年区域总基尼系数的扩大。20世纪90年代中后期,我国区域发展政策转向以浦东经济特区开发为龙头的沿江沿边地区,这可以解释20世纪90年代末基尼系数变化状况。21世纪初期,随着中央政策对区域经济协调发展的重视和西部大开发的实施,区域经济基尼系数缩小自然合情合理。

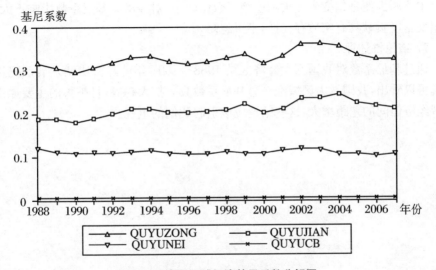

图 3.2 我国区域经济基尼系数分解图

4. 我国八大经济区域内基尼系数贡献度分析

表3.3和图3.2显示,区域内基尼系数并不像总基尼系数那样大起大落,它基本维持着一种平稳的状态。根据表3.3的计算值,1988~2007年我国区域内基尼系数值总体上略有下降,从1988年的0.1225下降到2007年的0.1073,下降了12.4%,占总基尼系数的比重也由38.4%下降到32.8%。区域内基尼系数比重的下降从经济意义上理解为区域内部经济体的差距明显缩小,证明我国区域内部的相关经济机制得到了有效的发挥,区域内部的经济收敛性得到了一定的增强,基尼系数得出的相关结论和利用相关指标分析得出的结论"遥相呼应"。

5. 我国八大区域间基尼系数贡献度分析

由图3.2可以看出,我国各区域间基尼系数贡献度的时间序列图和区域经济总基尼系数时间序列图保持一致,在总基尼系数偏高的年份,区域间的基尼系数偏大；在总基尼系数偏低的年份，区域间的基尼系数偏小。从基尼系数的贡献度看，我国区域经济总基尼系数主要表现为区域之间的差距，而区域内部的差距所占比例非常小。1988~1992年，我国八大区域之间的经济基尼系数贡献度基本维持在0.2以下，所占总基尼系数比例基本维持在60%。1992年之后，区域间基尼系数的效应明显增强，从数值上看，区域间基尼系数的值均超过0.2，从比例看，区域间基尼系数占总基尼系数的比例存在上升趋势。至2007年，区域间的基尼系数贡献度占总基尼系数的比例已经上升到65.42%。从经济意义上理解区域间基尼系数贡献度变化趋势，得出的结论是区域经济体之间的差距对区域经济协调发展的影响越来越大，需要给予更多的关注。

6. 我国八大区域间超变密度贡献度分析

按表3.3的数据，我国各区域间超变密度贡献度一直保持较稳定的状态，其中一个主要原因便是超变密度贡献度绝对数值较小，对经济总基尼系数影响不大，但是超变密度贡献具有实质存在性，不可忽略。

7. 结论性述评

通过基尼系数对我国八大经济区域1988~2007年的经济协调发展状况进行审视可以看出，我国八大区域经济总基尼系数具有扩大趋势，且扩大的主要原因是区域经济体间的差距增大，这些结论应该引起我们的重视。

第4章 区域经济发展趋同与趋异探讨

通过第3章对区域经济差异的绝对指标、相对指标的描述以及基尼系数的分解,可以得出一个比较客观的结论:从目前区域经济发展现状而言,我国区域经济间差异较大,且经济体之间存在着区域经济趋异的趋势。这些都暗示着区域间在现在和将来的经济发展中存在比较大的不均衡。那么区域经济的不平衡到底有没有自动"恢复"的机制?区域经济将继续趋异还是行将趋同?这些问题将是本章探讨的重点。

在探讨之前,必须对"趋同"和"趋异"的标准有个较为明确的界定,否则统计测度将无参考系。假设经济趋同的均衡状态为稳态,只有存在稳态,才能产生趋同性。Barro将稳态定义为"各种数量都以不变速率增长的状况"。在参考Kaldor对增长描述过的几个特征事实之后,我们列出以下几个基本条件作为指导和评价经济增长过程增长理论的依据:

(1) 在相当长的时期内,人均实际产出以近似稳定的速度增长;

(2) 在相当长的时期内,实物资本存量和人均资本以高于劳动力投入增长率的稳定速度增长;

(3) 实际产出增长率与资本存量的增长率基本保持不变;

(4) 资本回报率基本保持稳定;

(5) 人均产出增长率在各区域之间存在明显差异。

Solow指出如果一个经济体的增长符合以上前三种事实,就可以认定经济体处于稳定状态。

本章首先从理论上梳理了两大著名经济理论在区域经济趋同或趋异方面的争论,根据两大理论延伸出来的区域经济趋同或趋异的各种检验方法,利用我国各省域数据,对我国各省的区域经济收敛状况进行较全面检验。

4.1 区域经济趋同或趋异的理论之辩

区域经济趋同还是趋异?以下三个重要的宏观经济理论旗帜鲜明地表明了各自的立场。

4.1.1 新古典经济增长学派的经济趋同理论

要素边际报酬递减假说指出:资本劳动比率较低的国家或地区具有较高的资本边际收益,因此将会拥有较快的增长率。基于此,新古典经济增长理论认为长期内不同国家或地区的经济状况将趋于同一水平。新古典经济增长理论的代表者 Solow 和 Swan 通过设定具有不变规模报酬的生产函数展开了理论上的探讨,他们假设经济模型具有外生不变的人口增长率 n、外生不变的资本折旧率 δ 以及外生不变的储蓄率 s。按照该模型的思想,他们建立了以下形式的生产函数:

$$Y = F(K, AL) \tag{4.1}$$

在此模型中:

(1) Y 代表产出量,K 代表资本量,A 代表劳动的有效性,L 代表劳动量;

(2) 模型假定边际产品为正,且呈递减趋势,即 $F'(Y) > 0, F''(Y) < 0$;

(3) 规模报酬不变,即 $F(cK, cAL) = cF(K, AL)$,对于所有的 $c \geq 0$。

在以上三点条件的规定下,生产函数可以改写为如下形式的集约型:

$$y = f(k) \tag{4.2}$$

式中,y 代表人均产出,k 代表人均资本。也就是说,可以把每单位有效劳动的平均产量写成每单位有效劳动的平均资本量的函数。

Solow 还对密集函数形式的生产函数做了以下假定:

$$f(0) = 0, \quad f'(k) > 0, \quad f''(k) < 0 \tag{4.3}$$

$$\lim_{k \to 0} f'(k) = \infty, \quad \lim_{k \to \infty} f'(k) = 0 (稻田条件) \tag{4.4}$$

这些假定意味着资本的边际产品是正的,但随着(每单位有效劳动的平均)资本的增加而递减。而稻田条件则表明,当资本存量足够小时,资本的边际产品很大;当资本存量变得很大时,资本的边际产品变得很小。稻田条件的作用是保证经济的路径不趋异。

根据以上的假定及相关的理论推导,可以得出 Solow 模型的关键方程

$$\dot{k} = sf(k) - (n + g + \delta)k \tag{4.5}$$

在这个关键方程中,$sf(k)$ 是平均每单位有效劳动的实际投资,$(n + g + \delta)k$ 为持平投资,它是使 k 保持在其现有水平上所必需的投资量。当二者相等时,k 将维持不变,用 k^* 表示此时的 k 值。可以证明,当 $k = k^*$ 时,该系统处于稳态,并且这是唯一的稳态,此时 $\dot{k} = 0$,且系统的人均产出 y、人均资本 k、人均消费 c 均保持不变,而各自的总量 Y、K、C 均以人口增长率 $n + g$ 的速度增长。这就意味着:不管经济出发点如何,经济都将向一个平衡经济增长路径趋同,而且在平衡增长路径上,该模型中的每个变量的增长率都是常数。

当经济处于平衡增长路径时,k 的增长率为

$$\gamma_k \equiv \frac{\dot{k}}{k} = \frac{sf(k)}{k} - (n + g + \delta) \qquad (4.6)$$

再对 k 求导,可得

$$\frac{\partial \gamma_k}{\partial k} = \frac{s\left[f'(k) - \frac{f(k)}{k}\right]}{k} \qquad (4.7)$$

公式(4.7)中,显然储蓄率 $s>0$,人均资本量 $k>0$,由于资本报酬递减规律的作用,边际产出 $f'(k)$ 始终小于资本的平均产出 $f(k)/k$,即 $f'(k) - \frac{f(k)}{k} < 0$,因此 $\frac{\partial \gamma_k}{\partial k} < 0$。由此可以得出转型动态原理,即经济体低于稳态越多,将会增长越快;经济体高于稳态越多,将会增长越慢。若将具有较高人均资本 k 的经济体称为发达地区,人均资本设定为 k_1,将具有较低人均资本 k 的经济体称为欠发达地区,人均资本设定为 k_2,由于 $\frac{\partial \gamma_k}{\partial k} < 0$,则欠发达地区将比发达地区有着更高的人均资本增长率。从长期看,欠发达地区将能够赶上或者趋同于发达地区,呈现出绝对趋同的态势。但是从实证研究的文献看,理论上的绝对趋同性很难得到有关数据的支持。

为什么绝对趋同只存在理论上的可行性?这要从模型的设定谈起。在以上模型的设定中,暗含了一个假设条件:经济欠发达地区和经济发达地区具有相同的生产函数和经济参数。而现实经济体中,这个条件显然难以满足,通常来说现实经济体之间具有不同的经济参数和生产函数,因而具有不同的稳定状态,因此趋同速度没有可比性。而以上趋同结论的推导必须要求各趋同经济体具有相似的经济结构,这就是常说的条件趋同。正如 Mankiw 所强调的:从新古典经济增长模型出发,可以得出的推论并非是绝对趋同,而是条件趋同。

当经济处于平衡增长路径时,在实际研究中更让人关心的是人均产出 y 的变动趋势。可计算出 y 的增长率为

$$\gamma_y = \frac{\dot{y}}{y} = \frac{kf'(k)}{f(k)}\gamma_k \qquad (4.8)$$

式中,$\frac{kf'(k)}{f(k)}$ 代表资本份额,即资本的租金收入在总收入中所占份额,因此 γ_y 既与 k 的变动趋势有关,又与资本份额的变动有关。如果生产函数是 C-D 型的,那么资本份额为常数,此时 γ_y 与 γ_k 成正比例关系。由于人均消费 $c = (1-s)y$,因此 $\gamma_c = \gamma_y$。

新古典经济增长理论的趋同机制可以简要概括如下:由于资本边际报酬递减,所以在人均资本的增长率上,初始人均资本较少的经济体将高于初始人均资本较多的经济体(假定两者经济参数相似),进而人均资本和人均产出在两者之间存在趋同。

4.1.2 新经济增长学派的经济趋异理论

新经济增长理论不像新古典经济增长理论那样,有一个为多数经济学家所接受的基本数理模型。新经济增长理论是一些持有相同或相似观点的经济学家提出的由多种增长模型组成的一个松散集合体,其中以 Romer 及 Lucas 的理论模型为典型代表。

Romer 通过分析技术进步的过程以及技术进步产生的原因,将技术内生化,得出了一系列不同于新古典经济增长理论的重要结论。他基于 Arrow 模型的基本假设——知识是投资的一个副产品,建立了一个生产技术内生的竞争性均衡规模报酬递增长期增长模型。在此模型中,假定代表性厂商的生产函数为

$$Y = F(k_i, K, x_i) \qquad (4.9)$$

式中,k_i 是每一个厂商的知识存量,K 是经济体中厂商的总知识存量,则 $K = \sum_{i=1}^{N} k_i$,x_i 代表其他的生产要素(如物质资本、劳动力资本)。对于每一家厂商来说,经济体总知识存量 K 可视为外生变量,该模型同时假定其他的生产要素 x_i 维持不变,那么唯一可以变动的只是每家厂商的知识存量 $k_i<0$,换句话说,生产能力 Y 的提高只归因于单个厂商知识存量的增加。若采用 C-D 生产函数,并设其对所有厂商均相同,则可以将生产函数改写为

$$Y = k_i^a K^b \qquad (4.10)$$

式中,b 体现了知识的外溢效应,$a + b > 1$,因此生产函数对于知识资本来说具有规模收益递增的特性。

若考虑无限期界的分权经济,时间偏好率为 ρ,效用的跨期替代弹性为 σ。Romer 证明,这一系统具有竞争性均衡,均衡状态的增长率为

$$g = (ak^{a+b-1} N^b - \rho)/\sigma \qquad (4.11)$$

从式(4.11)可以发现,均衡状态并不意味着自动趋同性。此时,由于知识具有外部性,由此带来的现象是经济的知识存量越多,其经济增长率就越高。现实中初始产出水平高的经济一般具有较高的知识存量,其可以投入更多的资源用于知识的生产,进而具有更为丰富的资本存量,最终导致较高的经济增长率,这就对新古典模型的趋同性提出了质疑。

Lucas 主要在 Uzawa 模型的基础之上引入人力资本,对 Uzawa 的技术进步方程做了修改。假定经济中劳动力的数量是 N,并且是同质的,每个劳动力都投入其工作时间的 $u(t)$ 份额用于当期的产品生产,而将余下的 $1-u(t)$ 份额时间用于人力资本的生产,且每人都具有相同的人力资本水平 $h(t)$。Lucas 指出,劳动力个人人力资本的增加除了可以提高自身的生产能力之外,还具有外部性,可以提高整个经济的生产能力。模型的生产函数为

$$Y = AK(t)^{\beta}[u(t)h(t)N(t)]^{1-\beta}h_a(t)^{\gamma} \quad (4.12)$$

显然，$\gamma>0$，生产函数具有规模报酬递增的特性。

人力资本的生产函数采用如下线性形式：

$$\dot{h}(t) = h(t)\delta[1-u(t)] \quad (4.13)$$

在模型的稳态中，具有如下增长率：

$$\gamma_k = \gamma_c = [(1-\beta+\gamma)/(1-\beta)]\gamma_h \quad (4.14)$$

在稳态中，人均物质资本和人均消费的增长率将与人力资本的增长率成正比例关系。Lucas 指出在一个经济初始发展水平不高的经济体中，即使达到长期均衡，人力资本和物质资本仍可能维持在较低的状态，不同初始发展水平的国家之间，人均收入的差距将可能持续存在，从而否定了趋同性的存在。

无论哪一位学者的观点，总体而言新经济增长学派否认趋同性的存在，新古典经济增长理论和新经济增长理论在经济趋同或趋异问题上显然观点不一，换句话说，新古典经济增长学派和新经济增长学派在经济趋同或趋异的问题上提供了不同的思路。

4.1.3　新经济地理学派的经济趋同理论

无论是新古典经济增长学派还是新经济增长学派，基本上不考虑空间因素的影响，经济学家总是借助极其抽象和简化的模型，试图在地理空间之外解释经济问题。Martin 曾讽刺经济学家"似乎从来不愿承认自己与地理学之间存在重要的持久的关系"，Isard 也曾抨击经济学分析是"在一个没有空间维度的空中楼阁中进行"的。正是由于经济研究中缺乏对空间要素的考量，新经济地理学派在以上两个学派的研究基础之上，将经济趋同研究又向前推进了一步。新经济地理学派的代表人物 Krugman、Ansenlin 在继承并区别于新古典经济理论和新增长经济理论的假设下，以收益递增和不完全竞争为基础，假定了市场结构、运输成本和生产要素流动性等，形成了新经济地理学派。

新经济地理学理论的研究主要着眼于两个领域的展开和深入：一是经济行为的空间集聚效应。新经济地理学派主要解释了区域经济在地理空间上的集聚和扩散情况以及产生集聚的内在机制和决定因素，有助于我们理解地区之间经济行为的空间交互作用、动态演变以及非均衡空间配置过程。二是区域经济增长趋同的动态变化。新经济地理学派通过大量的理论和实证研究结果证实，区域经济具有趋同趋势，但是趋同的速度要比新古典经济增长模型的趋同速度慢得多。

在接下来的经验研究中，将以新古典经济增长理论、新经济增长理论和新经济地理理论作为理论基础，构建实证分析的理论模型框架。

4.2 区域经济趋同的主要类型及检验方法

根据以上的理论分析,可以衍生出多种关于经济趋同或趋异的不同标准。譬如,新古典经济增长理论可以衍生出的经济趋同类型就有 σ 趋同、绝对 β 趋同和条件 β 趋同等几种。下面根据主要的划分标准,将经常使用的趋同类型做如下归纳:

4.2.1 经济增长的绝对 β 趋同

依照 Sala-I-Martin 对绝对趋同的定义:绝对趋同是指欠发达区域的经济增长速度与其自身初始状态到其稳定状态的距离大致成正比,简而言之,经济体存在向自身稳定状态趋同的现象。绝对趋同通常的表现形式是:人均资本较少的经济体比人均资本较多的经济体增长更快。

绝对 β 趋同模型的公式通常为

$$\frac{\ln y_{i,t+T} - \ln y_{i,t}}{T} = \alpha + \beta \ln y_{i,t} + \varepsilon_i \qquad (4.15)$$

式中,$\beta = \frac{-(1-e^{-\beta T})}{T}$。

式(4.15)的左边为经济体 i 在 t 到 $t+T$ 时期的平均增长速度。若式(4.15)右边的估计系数 β 为负且统计意义上显著,则说明经济体 i 在 t 到 $t+T$ 时期内的平均增长率与 t 时期的经济体 i 的经济水平成现负相关关系,我们将这种现象称为绝对 β 趋同。绝对 β 趋同的经济含义是欠发达经济体的经济增长速度比发达经济体的增长速度快。当然,若系数 β 为正或统计上不显著,则表明经济体之间不存在绝对 β 趋同。

4.2.2 经济增长的条件 β 趋同

正如上文理论分析所言,绝对 β 趋同只具有理论意义上的存在性,因为各个地区的生产函数和相关经济参数不可能总保持一致,绝对 β 趋同大部分情况下只会出现在相似的经济体之中。我们把这种趋同称为条件 β 趋同。

条件 β 趋同模型的公式通常为

$$\frac{\ln y_{i,T} - \ln y_{i,0}}{T} = \alpha + \beta \ln y_{i,0} + \Psi X_{i,t} + \varepsilon_i \qquad (4.16)$$

和式(4.15)相比,式(4.16)最显著的区别是右边新增了一项 $\Psi X_{i,t}$。而新增的变量 $X_{i,t}$ 正是表述经济体 i 稳定状态的一组变量,在选择变量时,$X_{i,t}$ 应该根据经济体的实际状况,选择最能反映经济体之间相似情况的变量,诸如资源禀赋量、产业结构、物质或人力资本存量、人口增长率等等。条件 β 趋同的统计检验方法类似于绝对 β 趋同的检验方法,式(4.16)中,当估计系数 β 为负且统计意义显著时,则经济体之间存在条件 β 趋同;若该系数为正或统计不显著,则经济体之间不存在条件 β 趋同。条件 β 趋同的经济含义是在一些相似的经济体中,相对欠发达经济体的经济增长速度比相对发达经济体的增长速度快。条件趋同注意到了不同区域的差异性特征,因此条件趋同比绝对趋同更加接近现实且更具说服力。综上可以发现,无论是绝对 β 趋同假说,还是条件 β 趋同假说,它们都认为各经济体的经济增长速度与各自经济体的稳态值成正比,各经济体朝着各自稳态趋同。

4.2.3 经济增长的 σ 趋同

经济增长的 σ 趋同描绘的是区域经济增长离散程度和时间之间的关系。σ 趋同显示出对"趋同"概念的最直观理解,认为随着时间的推移,区域经济增长离散程度呈现下降趋势,则出现 σ 趋同;反之,则未出现 σ 趋同,即 $\sigma_{t+T} < \sigma_t$(σ_{t+T} 和 σ_t 分别是 $\ln y_{i,t+T}$,$\ln y_{i,t}$ 的标准差)。目前,学术界对区域经济增长 σ 趋同的检验普遍采用区域间人均 GDP 对数方差分析方法,计算公式为

$$\sigma_t = \sqrt{\frac{1}{n}\sum_{t=1}^{n}(\ln y_{i,t+T} - \ln y_{i,t})^2} \tag{4.17}$$

式中,n 表示地区数,$y_{i,t}$ 是经济体 i 在 t 时的实际人均或劳均 GDP。具体检验的标准是:若区域间人均 GDP 的对数方差缩小,则表明区域经济增长发生 σ 趋同;若区域间人均 GDP 的对数方差扩大或保持不变,则表明没有发生 σ 趋同。

另一种检验 σ 趋同的方法更为简单,它构建了一个人均 GDP 的对数方差值与时间趋势的关系。即

$$\text{Var}(\ln y_{i,t}) = \alpha + \beta t + \mu_t \tag{4.18}$$

等式左边表示 i 区域的人均 GDP 的对数方差,$\ln y_{i,t}$ 表示 i 区域在 t 时的人均 GDP 的对数值,当系数 β 为负且统计显著时,则说明随着时间的推移,经济现象呈现收缩趋势,经济增长发生 σ 趋同;若系数 β 为正或不显著,则经济现象不呈现 σ 趋同。

σ 趋同可以理解为与横截面数据相关的趋同假说,主要指各国或地区人均 GDP 差异随着时间的推移在缩小,即国家或地区间的对数人均收入或产量的标准差随着时间的推移存在缩小的现象,表现了国家或地区间收入分配的整体格局的变化。β 趋同可以导致 σ 趋同,但这种过程可能因为新的分配方式而抵消,存在 β 趋同而没有 σ 趋同则产生新的扩散,即 β 趋同是 σ 趋同的必要而非充分条件。

4.2.4 经济增长的概率趋同

概率趋同呈现的是区域之间的长期趋同状况,它表明区域间人均GDP的差异是短期性的,且其差异具有决定性和概率性的趋势。如果区域间人均GDP的差异具有长期稳定的性质,则能够检验概率趋同的存在。Verspagen指出了检验概率趋同的简单方法,即

$$w_{i,t} = \ln y_{i,t} - \ln y_t^*$$

式中,$y_{i,t}$为i区域在t时的实际人均GDP,y_t^*为n个区域的平均人均GDP,公式为

$$y_t^* = \sum \frac{y_{i,t}}{n}$$

Verspagen假定$w_{i,t+1} = \Psi w_{i,t}$,若$\Psi > 1$,则不存在趋同;若$\Psi < 1$,则存在趋同。一般而言,可以应用单位根检验来分析概率趋同的存在性,通常用ADF检验原理。ADF检验通常可以用下面两个公式表示:

$$\Delta y_t = \alpha + \rho y_{t-1} + \sum_{i=1}^{k} \theta_i \Delta y_{t-i} + \varepsilon_i \tag{4.19}$$

$$\Delta y_t = \alpha + \beta t + \rho y_{t-1} + \sum_{i=1}^{k} \theta_i \Delta y_{t-i} + \varepsilon_i \tag{4.20}$$

式中,y_t表示某区域在t时的相对人均GDP对数值,Δy_t为y_t的一阶差分,k为Δy_t的滞后期,ε_i为一系列不相关的随机扰动项,其均值为0,方差相等。

式(4.19)和式(4.20)的唯一区别就是式(4.20)增加了一个时间趋势项。如果式(4.19)估计的$\rho < 0$,则表示外部冲击对相对人均GDP的影响是暂时的,区域相对人均GDP将收敛于一个长期稳定状态;如果$\rho = 0$,则表示外部冲击对相对人均GDP的影响可能是持久的,且区域相对人均GDP可能不具有长期收敛趋势。在附加了一个时间趋势项βt后,式(4.20)估计结果的含义与式(4.19)估计结果的含义有所不同,若式(4.19)中$\rho < 0$,式(4.20)中ρ将仍然小于0,此时存在两种可能性,如果对初始的发达区域而言系数为负,而对初始的落后区域而言为正,就是条件收敛,相反则不是条件收敛;若式(4.19)中$\rho = 0$,式(4.20)中ρ将出现多种可能性,区域相对人均GDP是否会收敛到稳态将难以判断。

4.3 我国区域经济增长的趋同检验

考虑到数据的可得性及宏观经济结构的变化,在实证中主要是对全国31个省、市、自治区1988~2007年经济增长的趋同特征进行相关检验。在时段的划分上,我

们将这一时期划分为三个时段：1988～1992 年，1993～1998 年，1999～2007 年。基于各种经济增长趋同检验方法，下面将分别采用绝对 β 趋同检验、条件 β 趋同检验、σ 趋同检验以及概率趋同检验的方法对我国经济增长的趋同特征进行检验。

4.3.1 我国区域经济增长的绝对 β 趋同检验

我们以各省域人均 GDP 作为衡量指标，对不同时期各地区的平均经济增长率进行了测量，如表 4.1 所示，可以看出各地区经济增长率的差异十分明显。

表 4.1 我国各省域（港澳台除外）人均 GDP 年均增长率

地区	1988～1992 年	1993～1998 年	1999～2007 年	1988～2007 年
河 南	0.1225032	0.1831366	0.1369299	0.1504535
陕 西	0.1409596	0.1434659	0.1482130	0.1448383
内蒙古	0.1184657	0.1545849	0.1784102	0.1561227
山 西	0.1148832	0.1439681	0.1425340	0.1367712
安 徽	0.1180888	0.1705236	0.1084215	0.1332012
江 西	0.1254576	0.1710162	0.1163525	0.1382995
湖 北	0.1268975	0.1775064	0.1054345	0.1365204
湖 南	0.1337571	0.1716378	0.1227612	0.1430336
辽 宁	0.1288118	0.1560809	0.1122657	0.1319590
吉 林	0.1349609	0.1544305	0.1321715	0.1408996
黑龙江	0.1265767	0.1626847	0.1013893	0.1294029
北 京	0.1087386	0.1566072	0.1407183	0.1392280
河 北	0.1420870	0.1866664	0.1238205	0.1508251
天 津	0.0961998	0.1723427	0.1307441	0.1380199
山 东	0.1398346	0.1895127	0.1366483	0.1565959
上 海	0.0777113	0.1866892	0.1063394	0.1290511
江 苏	0.1381685	0.1957956	0.1349069	0.1577895
浙 江	0.1420187	0.2052728	0.1331962	0.1614110
广 东	0.1842041	0.1955573	0.1208500	0.1624150
福 建	0.1689422	0.2195805	0.1058517	0.1615464
海 南	0.1354782	0.1659077	0.1010781	0.4354679
重 庆	0.1578523	0.1678254	0.1269337	0.4359766
四 川	0.1953566	0.1681672	0.1244994	0.1564825
贵 州	0.1290520	0.1327099	0.1280816	0.1299852
云 南	0.1832340	0.1592763	0.0984888	0.1398536
西 藏	0.0675241	0.1330814	0.1336650	0.1184208
甘 肃	0.1154650	0.1456570	0.1217248	0.1290047
青 海	0.1311659	0.1288650	0.1307332	0.1301522

续表

地区	1988~1992年	1993~1998年	1999~2007年	1988~2007年
宁夏	0.1272694	0.1399907	0.1375275	0.1360918
新疆	0.1552409	0.1589570	0.1074837	0.1370552
广西	0.1626650	0.1689158	0.1245767	0.1493564

首先,用散点图大致测度各省经济增长率和初始人均GDP的相关关系,如图4.1至图4.4所示。图中纵坐标为不同时段各省域人均GDP的年均增长率,横坐标为初始年份各省域人均GDP的对数值。从散点图中的趋势线可以看出,除1993~1998年各省域经济增长率与初始经济水平之间存在正相关关系外,其他时段的年均经济增长率与初始人均GDP对数均呈现负相关的态势。

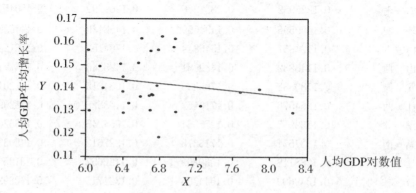

图4.1 各省域1988~2007年经济增长率和初始人均GDP的相关关系的散点图

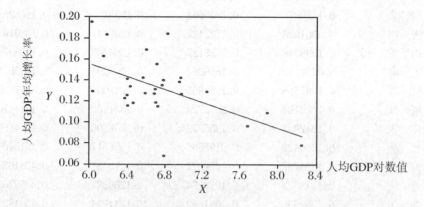

图4.2 各省域1988~1992年经济增长率和初始人均GDP的相关关系的散点图

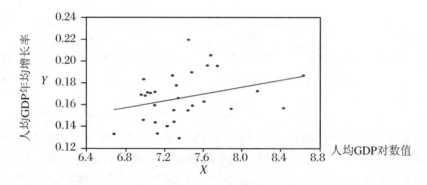

图 4.3　各省域 1993~1998 年经济增长率和初始人均 GDP 的相关关系的散点图

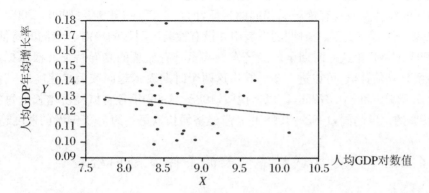

图 4.4　各省域 1999~2007 年经济增长率和初始人均 GDP 的相关关系的散点图

为了对散点图所示结论进行验证,采用上述绝对 β 趋同检验的经典方法,分时段建立对数线性回归模型,估计结果如表 4.2 所示。

表 4.2　我国各省域经济绝对 β 趋同回归结果

时期	α	β	R^2	DW	F
1988~1992 年	0.338936	-0.030580	0.302291	1.617417	11.698060
T	5.612808	-3.420240			
P	0.000000	0.002000			
1993~1998 年	0.049817	0.015788	0.098370	1.299879	3.054851
T	0.744166	1.747813			
P	0.463000	0.091500			
1999~2007 年	0.166953	-0.004820	0.021986	1.573281	0.651931
T	3.202102	-0.807420			
P	0.003300	0.426000			

续表

时期	α	β	R^2	DW	F
1988~2007 年	0.169495	-0.004050	0.030540	1.031009	0.850563
T	5.718263	-0.922260			
P	0	0.364600			

从系数 β 估计值的正负号看,除了 1993~1998 年外,其他三个时期回归模型中系数 β 估计值均小于 0,这与散点图中趋势线向下倾斜的结论一致。从 β 估计值的显著性检验看,1988~1992 年和 1993~1998 年这两个时期在 10% 的显著性水平下通过了检验,其他时期的系数均未通过检验。据此,1988~1992 年我国各个地区的经济发展具有绝对 β 趋同的特征,而在 1993~1998 年、1999~2007 年以及 1988~2007 年这三个时期的发展中并没有检验出明显的绝对 β 趋同的特征,其中 1993~1998 年这一时期全国经济发展甚至具有显著的趋异特征。根据拟合方程的系数 β 估计值,可以进一步计算出这两个时期表示趋同或趋异速度的 β 值分别为 0.03319 和 -0.072564。以上说明,1988~1992 年各省域经济增长以每年约 3.319% 的速度趋同,1993~1998 年各省经济增长以每年约 7.2564% 的速度趋异。

4.3.2 我国区域经济增长的条件 β 趋同检验

本节通过向绝对趋同检验方程中引入一些反映不同经济状态特征的控制变量来检验各地区经济增长率与相应的影响因素的关系,这就是通常所说的条件 β 趋同检验。本节引入经济发展中的两个代表性指标——工业化率和城市化率作为控制变量,实际采用条件 β 趋同检验的回归模型为

$$\frac{\ln y_{i,T} - \ln y_{i,0}}{T} = \alpha + \beta \ln y_{i,0} + \lambda h_{gy} + \mu h_{cs} + \varepsilon_i \tag{4.21}$$

式中,h_{gy} 为工业化率,是指工业增加值占全部生产总值的比重;h_{cs} 是城市化率,是指城镇人口占总人口的比重。具体检验时,我们依旧按照绝对趋同检验时期的划分分别对各个时期进行检验,具体检验结果如表 4.3 所示。

表 4.3 我国各省域条件 β 趋同回归结果

时期	α	β	λ	μ	R^2	DW	F
1988~1992 年	0.402638	-0.044229	0.039292	0.033618	0.353533	1.535041	0.011133
T	5.333911	-3.343645	0.610382	0.708169			
P	0.000000	0.002600	0.547100	0.485400			

续表

时期	α	β	λ	μ	R^2	DW	F
1993~1998年	0.121760	0.002465	0.006024	0.046718	0.173483	1.522845	0.168449
T	1.367225	0.173716	0.119709	1.501061			
P	0.183300	0.863400	0.905600	0.145400			
1999~2007年	0.149442	−0.001961	0.018177	−0.020263	0.048874	1.74037	0.710819
T	2.542514	−0.252931	0.448147	−0.856105			
P	0.017100	0.802200	0.657600	0.399500			
1988~2007年	0.176655	−0.005715	0.014916	−0.003860	0.039060	1.080381	0.797475
T	4.609519	−0.850937	0.456385	−0.16015			
P	0.000100	0.402900	0.652100	0.874000			

从系数 β 估计值的正负号看,除了 1993~1998 年外,其他三个时期回归模型中系数 β 估计值均小于零,这与绝对 β 趋同检验的结论一致。从 β 估计值的显著性检验看,只有 1988~1992 年这一时期在 10%的显著性水平下通过了检验,其他时期的系数均未通过检验。据此,只有在 1988~1992 年我国各个地区的经济发展才具有条件 β 趋同的特征,而在 1993~1998 年、1999~2007 年以及 1988~2007 年这三个时期的发展中并没有检验出明显的条件 β 趋同的特征。对 1988~1992 年这一时期的检验模型进一步分析可以发现,城市化率和工业化率的系数均大于零,即城市化率和工业化率是促进经济增长的因素,但这两个系数的估计值在 10%的显著性水平下均不能通过统计检验,说明 1988~1992 年城市化率和工业化率对经济增长率的促进作用并不明显。

4.3.3 我国区域经济增长的 σ 趋同检验

根据式(4.18),计算出 1988~2007 年每一年全国各省域的人均 GDP 对数方差,其具体数值如表 4.4 所示,并绘制相应散点图如图 4.5 所示。

表 4.4 我国各省域 1988~2007 年人均 GDP 对数方差表

年份	人均 GDP 对数方差	年份	人均 GDP 对数方差
1988	0.2223	1991	0.2085
1989	0.2123	1992	0.2255
1990	0.1951	1993	0.2544

续表

年份	人均 GDP 对数方差	年份	人均 GDP 对数方差
1994	0.2687	2001	0.2812
1995	0.2662	2002	0.3050
1996	0.2606	2003	0.3122
1997	0.2608	2004	0.3068
1998	0.2694	2005	0.2869
1999	0.2781	2006	0.2807
2000	0.2592	2007	0.2691

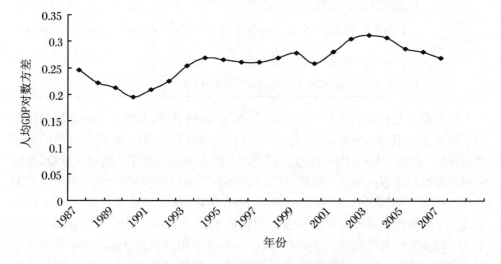

图 4.5 1988～2007 年人均 GDP 对数方差时序图

从图 4.5 可以看出，1988～2007 年这一时期全国各地区人均 GDP 对数值方差的变化整体上为非线性，即趋同和趋异相间发生，一段时间的趋同后是趋异，一段时间的趋异后又是趋同。总体而言，可以将 σ 趋同的变化划分为三个阶段：第一个阶段为 1988～1990 年，在这一阶段 σ 值呈现出逐年降低的趋势，由 1988 年的 0.2223 减小到 1990 年的 0.1951，从图上看，在这一时期我国各省域经济增长发生了 σ 趋同；第二个阶段为 1990～2003 年，这一时期的 σ 值虽然有小的波动，但总体上是一个上升的趋势，σ 值从 1990 年的 0.1951 上升到 2003 年的 0.3122，整体而言，我国各省域经济发展在这一时期呈 σ 趋异的趋势；第三个阶段为 2003～2007 年，在这一时期 σ 值又呈现出逐年减小的趋势，到 2007 年 σ 值已经缩小到 0.2691，在这一时期我国区域经济发展已经呈现出了 σ 趋同的趋势。为了检验从图形上得到的初步结论，下面把上面得到的数据按照式(4.19)进行线性回归，回归结果如表 4.5 所示。

表 4.5 我国各省域经济增长 σ 趋同的检验

时期	截距项	系数	R^2	DW	F
1988~2007 年	0.222482	0.003180	0.484670	0.476926	19.750610
T	22.676750	4.444165			
P	0.000000	0.000200			
1988~1990 年	0.284583	−0.014590	0.953855	2.130797	82.682440
T	45.561100	−9.092990			
P	0.000000	0.000800			
1990~2003 年	0.184627	0.006212	0.761437	0.976500	35.109320
T	13.018360	5.925312			
P	0.000000	0.000100			
2003~2007 年	0.542020	−0.119140	0.952715	2.723034	40.296860
T	13.414750	−6.347980			
P	0.005500	0.023900			

从上面的估计结果可以发现,1988~1990 年这一时期回归方程的系数 β 为负数,并且在 5% 的显著性水平下可以通过相应的统计检验,说明在这一时期我国省际经济增长趋势存在着 σ 趋同的趋势,而且拟合效果十分理想,拟合优度高达 0.953855;1990~2003 年这一时期回归方程的系数 β 为正数,并且在 5% 的显著性水平下同样可以通过相应的统计检验,说明在这一时期我国省际经济增长趋势存在着 σ 趋异的趋势,拟合优度为 0.761437,拟合优度偏低的主要原因是这一时期 σ 值在上升中有一些小的波动和反复;2003~2007 年这一时期回归方程的系数 β 为负数,并且同样可以通过相应的系数显著性检验,说明在这一时期我国省际经济增长趋势存在着 σ 趋同的趋势,这一时期拟合优度也较为理想。但从 1988~2007 年整个时间段观察,这一时期的回归方程系数 β 虽为正值,但该回归方程的拟合优度不足 0.5,拟合效果不理想,因此认为 1988~2007 年我国省域之间存在 σ 趋同的结论不可信。

4.3.4 我国区域经济增长的概率趋同检验

根据时间序列的 ADF 检验原理,可以通过对不同省份人均 GDP 占全国的人均 GDP 的比重所构成的时间序列的平稳性进行检验,以确定其是否存在概率收敛趋势。在这里我们仅给出我国 31 个省、市、自治区(除港澳台)相对人均 GDP 对数值的 ADF 检验的汇总结果,如表 4.6 所示。

表4.6 我国各区域相对人均GDP对数值的ADF检验结果

$\rho<0$				$\rho>0$	
$\beta>0$		$\beta<0$		$\beta>0$	
显著	不显著	显著	不显著	显著	不显著
重庆,广东,河北,陕西,浙江,内蒙古	北京,贵州,湖南,吉林,江西,宁夏,青海,山西,天津,西藏	海南,辽宁,新疆,云南,黑龙江	安徽,福建,甘肃,广西,湖北,四川,上海	江苏,山东	河南

从检验结果可以看到,在没有时间趋势的情况下,全国31个省市自治区中,只有福建、四川、上海、山西4个地区的相对人均GDP的对数序列的单位根原假设在10%的显著性水平下可以拒绝;而在有时间趋势的情况下,只有广东、黑龙江、江苏、四川、上海、新疆、云南、浙江在10%的显著性水平下可以拒绝单位根的原假设,而其他23个地区无法拒绝原假设。从31个地区ADF检验方程中滞后一阶的系数ρ来看,在没有时间趋势的情况,除了河南、江苏、山东3个地区以外,其他28地区的滞后一阶系数都小于零,而在这28个地区中,只有安徽、福建、广东、甘肃、广西、湖北、江西、青海、四川、上海、陕西、山西、天津、西藏、云南15个地区的滞后一阶系数在10%的显著性水平下显著,其他地区的系数并不能通过10%显著性水平的显著性检验。时间趋势系数β小于零的省域有安徽、福建、甘肃、广西、湖北、黑龙江、海南、辽宁、四川、上海、新疆、云南,其中在10%的显著性水平下黑龙江、海南、辽宁、新疆、云南5个地区的系数显著;时间趋势系数β大于零的19个地区中(北京、重庆、广东、贵州、河北、河南、湖南、吉林、江苏、江西、内蒙古、宁夏、青海、山东、陕西、山西、天津、西藏、浙江),只有重庆、广东、河北、江苏、内蒙古、山东、陕西、浙江8个地区的时间趋势系数在10%的显著性水平下显著。从上面的概率趋同检验我们得出以下结论:

首先,全国31个地区中,除了河南、江苏、山东3个地区以外,其他28个地区的相对人均GDP的对数序列均呈现出一种稳定的态势(滞后一阶系数ρ小于零),对这28个地区相对人均GDP的任何冲击都应该只是暂时的。在这28个地区中,重庆、广东、河北、江苏、内蒙古、陕西、浙江(时间趋势系数β大于零并且显著)的相对人均GDP随时间的推移有逐步上升的趋势,即这些地区目前的相对人均GDP低于其稳态值,这些地区的经济发展趋势是相对人均GDP逐步增大趋向其稳态水平,我们可以将这7个地区划分为经济相对增速发展地区;黑龙江、海南、辽宁、新疆、云南(时间趋势系数β小于零并且显著)的相对人均GDP随时间的推移逐步减小,即这些地区目前的相对人均GDP高于其稳态值,这些地区的经济发展趋势是相对人均GDP逐步缩小趋向其稳态值,我们可以把这些地区划分为经济相对减速发展地区。

其次，北京、贵州、湖南、吉林、江西、宁夏、青海、山西、天津、西藏10个地区均拥有不显著、大于零的时间趋势系数，因此虽然这10个地区也有其相对人均GDP的稳态水平，但是我们并不能确定其趋向稳态水平的具体时间路径，也无法确定其稳态水平究竟是否一定比现在的相对人均GDP水平高；同样，安徽、福建、甘肃、广西、湖北、四川、上海7个地区均拥有不显著、小于零的时间趋势系数，这7个地区同样有其相对人均GDP的稳态水平，我们并不能确定这些地区趋向稳态水平的具体时间路径，且无法确定其稳态水平究竟是否一定比现在的相对人均GDP水平低。对这17个地区的进一步分析，还需要其他方法才能得到更具体的结论。

最后，江苏、山东、河南的滞后一阶系数 ρ 大于零，即这3个地区的相对人均GDP在过去的发展中并没有表现出其趋向稳态的趋势。此外，这3个地区的时间趋势系数均大于零，说明在过去的经济发展中这3个地区的相对人均GDP一直以递增的趋势在发展。

4.3.5 结论性述评

本章对1988～2007年这一时期内我国31个省、自治区和直辖市的区域经济增长趋同性做了相关检验。具体结果表明这一时期内我国省际经济增长的绝对趋同、条件趋同以及概率趋同的检验结论均具有时期性特征，即这三种趋同检验的检验结果随着所取时期的不同而可能具有不同的结论。在这一时期我国经历了由计划经济向市场经济的过渡，各种经济制度和经济政策的制定和实施不可避免地会对经济趋同特性产生这样或那样的影响，此外经济增长的周期性本身也可能是造成这一时期经济趋同检验时段性特征的原因。31个地区的概率趋同检验结果显得更加复杂，主要原因是我国各个地区经济发展都有其独特的历史地理条件，国家制定地区经济发展政策和制度不可避免地会对地区经济发展产生各种影响，在此基础上31个地区概率趋同检验稍显复杂的结论也就不难理解了。

第 5 章 区域经济协调发展增长分布分析

从方法论的角度看,以条件 β 趋同为代表的经典区域经济趋同分析方法由于现实经济问题的复杂性开始饱受各界的质疑和批判。学者对此类经典趋同方法的批判主要集中在以下两点:一是经典趋同分析方法到底是不是真正的趋同检验方法?学者认为对区域经济趋同理论而言,重要的应该是经济体之间的趋同,而条件 β 趋同类的检验方法则是将每个单位体与其自身稳定状态进行比较,违背了趋同的本意,在一定条件下甚至这类区域经济趋同意味着区域经济的趋异。譬如两个经济体在稳定状态时,A 经济体经济水平远低于 B 经济体经济水平,A 经济体存在条件 β 趋同仅仅意味着 A 经济体可以收敛到其自身的稳定状态,但从更宏观的角度看,可能意味着 A 和 B 经济体的差异越来越大。Quah 曾一针见血地指出经典趋同方法仅适用于个体,对于所有经济单元在趋同(或趋异)过程中的动态变化无能为力。二是此类趋同方法的局限性,由于它主要使用截面数据,代表性不强,难以反映经济的整体变化。

鉴于以上两种原因,我们将应用一种较新的增长趋同研究思路——通过考察区域经济的增长分布来研究区域经济的协调发展。部分学者利用此种方法对一些经济现象做了相关研究。Quah 曾利用 105 个国家的相对人均收入数据资料,采用核函数估计对多国相对人均收入进行了研究。Aziz 和 Duenwald 对我国各地区的收入分布进行了研究,研究结果表明,地区间的收入分布从 1978 年的近似单峰分布的格局演变为 1997 年的双峰分布格局。徐现祥采用 Kemel 密度函数估计了我国省域 1978~1998 年经济增长分布图,发现省域经济增长分布进入 20 世纪 90 年代后逐步呈现双峰状,并指出这个结果是相当稳健的。

本章主要针对传统趋同方法的相关缺陷,利用非参数统计方法,对区域经济增长的模式进行了探讨,并且基于密度分布图,对我国省域经济的发展动态变化状况进行分析。本章还根据相关理论对密度分布图进行分解,以确定经济发展的主要影响因素。

5.1 增长分布的目的及原理

5.1.1 增长分布非参数方法的分析原理

增长分布的思想是利用非参数方法对经济社会现象进行分析，非参数方法相对参数方法而言，有一些明显的优点：诸如在参数未知的情况下，参数模型的选择可能存在偏差，从而无法很好地拟合数据，而非参数方法不会如此，尤其在分布呈现双峰或多峰形态的情况时，参数方法可能力不从心，而非参数方法往往显得游刃有余；非参数方法还可以通过估计密度函数，同时观察分布的位置、延展性以及形状特征，从而得到关于整体分布状况的一个直观且清晰的描述。正是因为非参数方法具有这些优点，近年来其在经济社会的经验研究中得到了广泛应用。

增长分布非参数方法主要依靠增长分布图对区域经济以及经济的变化情况进行描述。具体到区域经济增长这个主题，增长分布法主要通过考察区域人均 GDP 或者劳均 GDP 分布的动态演进方式来判断区域经济体经济增长的变化以及增长中的差距变化。动态演进方式主要依靠增长分布图进行直观刻画，增长分布图中波峰个数及分布图位移方式可以直观地刻画出各区域经济之间的数量关系，若增长分布图明显呈现出双峰状，则意味着经济体存在双峰趋同或者两俱乐部趋同；若增长分布波峰高度持续降低，则意味着区域间的经济差异有所加大，而集中程度有所下降。增长分布图还可以直观地描绘出增长分布平移过程中密度函数的变化状况，若增长分布图中经济体的密度图随着时间推进不断向右平移，则从增长的角度看，经济体呈现的是快速增长状态。

5.1.2 "增长分布"的简单界定

上一小节简短地将增长分布非参数方法的分析原理和思路做了阐述。何谓增长分布，以及如何给增长分布一个简单明确的界定将是本小节探讨的内容。众所周知，分布是统计学的一种"状态"，它描绘了样本点的结构状况，我们通常用分布函数、统计表或分布图描述样本分布状况，分布函数本质上就是描述概率的一个方式，它描绘出了样本点出现概率的大小；统计表是通过简单表和分组表的直观方式将分布频率呈现出来；统计图则是用频率图、累积频率图近似呈现出分布频率。在增长分布中，同样可以使用以上三种方法展现分布特征。在增长分布中，还经常出现一类分布，被形象地称为"峰分布"。"峰分布"可以通过峰的个数命名为"单峰分布""双峰分布"和"多峰分布"等。对于区域经济协调发展这个主题而言，峰意味着区域经济的不协调发展,因为在分布图中,峰表明了"贫富概率"关系的存在。

为了描述增长分布概念以及增长分布的演进模式,本书将经济体分为两大类(当经济体为三类、四类以及更多类的时候,方法类似),假定经济体以中位数 $\bar{x}$ 作为类别的分界线,则 n 个经济体可以分别描述为小于 $\bar{x}$ 的经济体和大于 $\bar{x}$ 的经济体,经济体则可以表现为类别 1 = {小于 $\bar{x}$ 的经济体}和类别 2 = {不小于 $\bar{x}$ 的经济体}。这时每类经济体出现的概率就可以表示为

$$\pi_t^1 = \int_{-\infty}^{\bar{x}} f(x_t) dx \tag{5.1}$$

$$\pi_t^2 = \int_{\bar{x}}^{+\infty} f(x_t) dx \tag{5.2}$$

$$\pi^1 + \pi^2 = 1 \tag{5.3}$$

本书以经济体中位数水平 $\bar{x}$ 作为分类依据,虽然此类划分具有一定的外生性,但基本能刻画出区域经济的分布现状。

5.1.3 区域经济增长分布的路径演绎

$f(x_t)$ 值报告了经济体的概率密度,π_t^1 和 π_t^2 报告了两类经济体出现的概率状况,若要对经济体在时间上的整体变动进行全面刻画,需要关注增长分布演进的一般模式。本小节依然将经济体分为两类,以研究经济增长分布演进的一般模式。n 个经济体被分为类别 1 = {小于 $\bar{x}$ 的经济体}和类别 2 = {不小于 $\bar{x}$ 的经济体},两大类的经济体在增长分布演进模式中就会有四种情况:

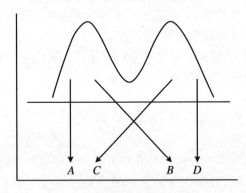

图 5.1　增长分布的演进路径图

情况 1:欠发达地区滞后不前型,即某经济体上一期位于类别 1 之中,当期仍位于类别 1,如图 5.1 中的箭头 A 所示。

情况 2:欠发达地区迎头赶超型,即某经济体上一期位于类别 1 之中,当期位于类别 2,如图 5.1 中的箭头 B 所示。

情况 3:发达地区主动衰退型,即某经济体上一期位于类别 2,当期位于类别 1,

如图 5.1 中的箭头 C 所示。

情况 4：发达地区高水平稳定型，即某经济体上一期位于类别 2，当期仍位于类别 2，如图 5.1 中的箭头 D 所示。

随之而来的问题是，若经济体的分布呈现出两种类别模式的话，经济体还能够实现协调发展吗？借鉴徐现祥的思想，我们得出命题 1。

命题 1：当存在两类别趋同时，经济增长分布的演进将会呈现出 4 种模式：

(1) 如果不存在赶超和衰退，即(A,D)，则经济增长分布具有时间不变性；
(2) 如果存在具有不可逆性的赶超，即(B,D)，则类别 1 的经济体趋于消失；
(3) 如果存在具有不可逆性的衰退，即(A,C)，则类别 2 的经济体趋于消失；
(4) 否则，即(B,C)，类别 1 和类别 2 总会有经济体存在。

命题为我们研究协调发展问题提供了一个简单可行的分析框架。一方面，命题揭示了实现协调发展的两种途径。具体而言，若经济体被分为两大类别，其演进途径可以通过两种方式实现协调发展，第一种正如模式(2)所刻画的那样，现有的类别 1 经济体消失，所有经济体均向类别 2 集聚，经济体将会实现"进步的"协调发展；第二种正如模式(3)刻画的那样，现有的类别 2 经济体消失，所有经济体均向现在的类别 1 集聚，经济体将会实现"倒退的"协调发展。当然，如果经济增长分布状态如模式(1)或模式(4)所刻画的那样，则经济体的增长分布仍不会实现协调发展。从模式(2)和模式(3)中我们可以得出一个很简单的推论，在追求经济增长的状态下，区域经济宁愿维持不协调发展的状态，也不会轻易做出"倒退的"协调发展的选择，区域经济追求的是共同进步的协调发展。此命题为下文考察我国的协调发展提供了一个简单可行的分析框架，下面将对我国省域经济的发展情况进行实证分析。

5.1.4 区域经济增长分布的因素分解

区域经济分布密度函数规定了区域经济的总体变动状况，但区域经济的总体变动受何种因素的影响，还需要我们做进一步的工作。本章的另一工作便是对区域经济增长密度函数进行因素分解。首先，通过区域经济密度函数可以刻画出区域经济在两个时期(基期和报告期)内的动态变动情况：

$$\Delta f(x) = f_{t_1}(x) - f_{t_0}(x) \tag{5.4}$$

式中，t_1，t_0 分别表示报告期和基期的年份，$f_{t_1}(x)$，$f_{t_0}(x)$ 分别表示报告期 t_1 和基期 t_0 密度函数的估计结果，$\Delta f(x)$ 则表示 t_1，t_0 年间相同经济水平上密度的差别。

从密度估计函数的结果可以同时观察到经济增长分布的位置、延展性和形态。不同年份呈现出不同的分布状况，通过考察其位置、延展性以及形态的变动，可以将分布密度函数的改变分为三个部分：一是密度函数的平移，即在假设密度函数其他情况(包括延展性以及形态)不变的情况下,仅仅沿着均值收入水平的变动,密度函数的平移代表了经济水平的变动,如果向右平移则意味着经济水平的提高;二是密度函数的延伸,在均值以及基本形态不发生改变的情况下,仅仅分布方差发生改变,方差的变动意味着不平等程度的变动,分布向两头延伸意味着方差增大,属于函数的一阶变动,表示经济水平不平等程度的上升;三是密度函数的变形,即均值与方差不变,仅仅形态发生了变形,形态的改变涉及复杂的二阶变换,形态改变也意味着分布发生了扭曲。依据上述分析,参照 Jenkins 与 VanKerm 的观点,可以将密度函数的变化通过反事实的分析分解为三个组成部分:

$$\Delta f(x) = CD_1(x) + CD_2(x) + CD_3(x) \tag{5.5}$$

式中,$CD_1(x)$、$CD_2(x)$ 和 $CD_3(x)$ 分别表示在控制其他因素的情况下密度函数的位置变动所引起的图形的平移、延伸以及变形。

首先我们考虑均值变动效应 $CD_1(x)$,假定基期人均 $GDP x_{t_0}$ 和报告期的人均 $GDP x_{t_1}$ 存在以下线性关系:$x_{t_1} = g_k(x_{t_0})$,则

$$f_{t_1}(x) = \left| \frac{\mathrm{d} g_k^{-1}(x)}{\mathrm{d} x} \right| f_{t_0} [g_k^{-1}(x)] \tag{5.6}$$

我们可以通过设定不同的函数关系得出反映区域经济变化特征的各种反事实函数,此处,假设在保持分布函数方差和形状不变的条件下,报告期的人均 GDP 和基期的人均 GDP 存在如下线性关系:$x_{t_1} = \alpha_k + \beta_k x_{t_0}$,则报告期的分布密度函数为

$$f_{t_1}(x) = \left| \frac{1}{\beta_k} \right| f_{t_0} \left(\frac{x - \alpha_k}{\beta_k} \right) \tag{5.7}$$

我们使用 ζ 来表示基于线性关系假设上的反事实函数,使用 f 来表示基期或报告期实际的密度函数。预设 $\alpha_k = a, \beta = 1$,则密度函数 $\zeta^k(x)$ 均值提高了 a,但方差维持不变,分布函数仅是在均值线上的平移。因此构建一个融入了均值变化的反事实函数:$\zeta_{t_1}(x; \mu_{t_1}, \sigma_{t_0})$($\mu_{t_1}$ 为报告期均值,σ_{t_0} 为基期的方差),其中

$$\alpha_k = E(f_{t_1}^k) - E(f_{t_0}^k) \tag{5.8}$$

再考虑方差变动效应 $CD_2(x)$,方差效应意味着分布密度函数曲线将围绕着一个稳定的均值进行拉伸,为了分离出方差变动效应,我们预设报告期人均 GDP 是如下加权平均数

$$x_{t_1} = s x_{t_0} + (1-s) E(f_{t_0}^k) \tag{5.9}$$

此时参数 $\alpha_k = (1-s) E(f_{t_0})$,$\beta_k = s$,则密度函数将保持均值不变,但是报告期方差变化为 $s^2 \sigma_{t_0}$,因此我们可以构建一个融入了方差变化的反事实函数:$\zeta_{t_1}(x; \mu_{t_0}, \sigma_{t_1})$($\mu_{t_0}$ 为基期均值,σ_{t_1} 为报告期的方差),在方差效应分解中

$$s = \sqrt{\frac{\mathrm{Var}(f_{t_1}^k)}{\mathrm{Var}(f_{t_0}^k)}} \tag{5.10}$$

同理,在分解残差效应时,我们应该构建一个反事实函数:$\zeta_{t_1}(x; \mu_{t_1}, \sigma_{t_1})$

(μ_{t_1}为报告期均值，σ_{t_1}为报告期的标准差)。

据此，密度函数分解式可以进一步表示为

$$\begin{aligned}\Delta f(x) = &\ \eta[\zeta_{t_1}(x;\mu_{t_1},\sigma_{t_0}) - f_{t_0}(x)] \\ &+ (1-\eta)[\zeta_{t_1}(x;\mu_{t_1},\sigma_{t_1}) - \zeta_{t_1}(x;\mu_{t_0},\sigma_{t_1})] \\ &+ \eta[\zeta_{t_1}(x;\mu_{t_1},\sigma_{t_1}) - \zeta_{t_1}(x;\mu_{t_1},\sigma_{t_0})] \\ &+ (1-\eta)[\zeta_{t_1}(x;\mu_{t_0},\sigma_{t_1}) - f_{t_0}(x)] + f_{t_1}(x) \\ &- \zeta_{t_1}(x;\mu_{t_1},\sigma_{t_1})\end{aligned} \quad (5.11)$$

由上式，各种效应对于总体分布函数变动的影响将按照一定的顺序先后分解。η的取值规定了不同的分解顺序，可取值为0或者1，或其中的任意值。η的取值对于最终的分解结果并没有影响，此处我们取$\eta=1$，即首先分解均值变动效应，其次分解方差变动效应，剩余的则为残差效应。

5.2 增长分布的分析工具箱

在对区域进行增长分布的统计分析时，经常使用到两个统计学工具——核密度函数估计和马尔可夫链。

5.2.1 核密度函数估计法

增长分布的主要分析工具为普拉基特和希尔弗曼提出的核密度估计法。核密度估计作为一种非参数估计方法，在方法层面上具有一些参数估计难以比拟的优点：函数的形式可以任意设定；解释变量和被解释变量的分布很少受限制等。正是因为其有较大的适应性，其目的在于放松回归函数形式的限制，为确定回归函数的参数表达式提供了有用的工具，因而能在广泛的基础上得出更具有普遍性的结论。核密度估计法主要是用核函数来描述经济分布运动，它保留了构造转移概率矩阵时所破坏的连续收入观察值的原始动态信息，不要求收入数据的生成过程具有马尔可夫性质。核密度函数估计方法基本原理如下：

假定$X_1,X_2,\cdots,X_n$服从同分布，其密度函数$f(x)$未知，我们需要通过样本去估计密度函数$f(x)$。样本的经验分布函数为

$$F_n(x) = \frac{1}{n}\{X_1,X_2,\cdots,X_n \text{中小于}x\text{的个数}\} \quad (5.12)$$

本书取核函数为均匀核，则

$$K(x) = \begin{cases} \frac{1}{2}, & -1 \leqslant x < 1 \\ 0, & \text{其他} \end{cases} \quad (5.13)$$

可得密度函数估计式为

$$\hat{f}_n(x) = \frac{F_n(x+h_n) - F_n(x-h_n)}{2h}$$

$$= \int_{x-h_n}^{x+h_n} \frac{1}{h_n} K\left(\frac{t-x}{h_n}\right) dF_n(t)$$

$$= \frac{1}{nh_n} \sum_{i=1}^{n} K\left(\frac{x-x_i}{h_n}\right) \quad (5.14)$$

式(5.14)便是我们常说的核密度,它的经济含义很明确,表示经济体在给定的经济区域上出现的概率。在式(5.14)中,K 为一个非负函数,又称为核函数,核函数是一种加权函数或平滑函数,通常采用的核函数有:高斯核 $K_1(x) = \frac{1}{(2\pi)^{p/2}(|\det(\Sigma)|)^{1/2}} \exp\left(-\frac{1}{2} u\Sigma^{-1} u'\right)$,其中 $\Sigma = \frac{1}{n} \sum_{i=1}^{n} (X_i - u)'(X_i - u)$;Epanechnikov 核 $K_2(x) = 0.75(1-x^2)I, |x| \geqslant 1$;三角核 $K_3(x) = (1-|x|)I, |x| \leqslant 1$;余弦核 $K_4(x) = \frac{\pi}{4} \cos\left(\frac{\pi}{2} x\right) I, |x| \leqslant 1$;四次核 $K_5(x) = \frac{15}{16}(1-x^2)I, |x| \leqslant 1$;六次核 $K_6(x) = \frac{71}{80}(1-|x|^3)I, |x| \leqslant 1$。

一般来说,要求核函数满足以下条件:

$$\begin{cases} K(x) \geqslant 0, \quad \int_{-\infty}^{+\infty} K(x) dx = 1 \\ \sup K(x) < +\infty, \quad \int_{-\infty}^{+\infty} K^2(x) dx < +\infty \\ \lim_{x \to \infty} K(x) x = 0 \end{cases} \quad (5.15)$$

在式(5.14)中,h 为平滑系数或窗宽。核密度估计的关键在于最优窗宽的选择,窗宽的选择对核密度估计的重要性要远远大于核函数,因为它决定了核密度估计的精度和核密度曲线的平滑度。窗宽的选择决定了所估计密度曲线的平滑程度,窗宽越大,核估计的方差越小,密度函数曲线越平滑,但估计的偏差越大;窗宽越小,核估计的方差越大,密度函数曲线越不平滑,但估计的偏差越小。因此最佳窗宽的选择必须在核估计的偏差和方差间做以权衡,使得均方误差最小。窗宽的选择还与样本数存在联系,理论上已经证明:当 $n \to \infty$ 时,$\lim_{n \to \infty} h(n) \to 0$,$\lim_{n \to \infty} nh(n) \to +\infty$,此时对应的最佳窗宽 $h = \frac{R(K)}{\sigma_K^4 R(f'')} N^{-\frac{1}{5}}$,或可以简写成 $h = cN^{-\frac{1}{5}}$。实际中,经常将窗宽 h 设定为 $h = 0.9 SeN^{-\frac{1}{5}}$(即 $c = 0.9 Se$,Se 是随机变量观测值的标准差)。

本章采用式(5.14)估计区域经济的增长分布密度,采用高斯核函数,窗宽选择为 $h = cN^{-\frac{1}{5}}$,其中点 x 的取法是,把各年的人均实际 GDP 分成 200 份,x 依次取值为 $x_j = x_{\min} + (x_{\max} - x_{\min}) j/200, (j = 0, 1, \cdots, 199)$。

5.2.2 马尔可夫链分析法

马尔可夫链分析法是一种传统的统计分析方法。所谓马尔可夫链,就是一种随机时间序列,它具有"无后效性",它在将来取什么值只与它现在的取值有关而与过去的取值无关。若设随机过程$\{X_t, t \in T\}$的状态空间为I,则对时间t的任意值$(t \geq 3, t \in T)$,有

$$P\{X_{t+1} = j | X_1 = i_1, X_2 = i_2, \cdots, X_{t-1} = i_{t-1}\}$$
$$= P\{X_{t+1} = j | X_t = i\}, \quad i_n, i, j \in I \quad (5.16)$$

上式的随机过程$\{X_t, t \in T\}$便为马尔可夫过程,简记为$p_{ij} = p\{X_{n+1} = j | X_n = i\}$,其中$p_{ij}$表示过程由状态$i$转为状态$j$的条件概率。易知$p_{ij}$有性质:

$$p_{ij} \geq 0, \quad i, j \in I$$
$$\sum_{j \in I} p_{ij} = 1, \quad \forall i \in I \quad (5.17)$$

我们可将p_{ij}写成转移概率矩阵P的形式

$$P = \begin{bmatrix} p_{11} & p_{12} & p_{13} & \cdots & p_{1n} \\ p_{21} & p_{22} & p_{23} & \cdots & p_{2n} \\ \vdots & \vdots & \vdots & & \vdots \\ p_{m1} & p_{m2} & p_{m3} & \cdots & p_{mn} \end{bmatrix}$$

若假设$Y(t)$为t时的经济状况,则$t+1$时的经济状况$Y(t+1)$可表示为

$$Y(t+1) = PY(t) \quad (5.18)$$

经济体经s期后的分布$Y(t+s)$可表示为

$$Y(t+s) = P^s Y(t) \quad (5.19)$$

若经济存在收敛现象,则可以认为假设$s \to n$时,如果$Y(t+s) \to Y(t)$,此时的状态转移概率矩阵P具有时间不变性,马尔可夫过程会逐渐处于稳定状态,概率P为稳定状态概率,这时经济体收入分布将处于长期均衡状态。本书主要采用马尔可夫链展望我国区域增长分布演进的未来态势。

5.3 我国省域经济的协调发展——以增长分布分析为视角

5.3.1 数据描述

本书将分别依照人均实际GDP和对数相对人均GDP指标对1988~2007年

我国31个省域经济协调发展情况及经济格局进行分析。本书所采用的数据全部来源于各年的《中国统计年鉴》和各省年鉴,样本区间为1988～2007年。设1988年=100。

5.3.2 我国省域经济发展分布分析

1. 我国省域实际人均GDP增长分布状况

根据以上统计数据,我们应用增长分布方法可以分别描绘出1988～2007年间我国31个省域的人均实际GDP增长分布图,图中横轴表示人均实际GDP水平,纵轴是密度。本书利用Eviews 5.0软件绘图,我们仅给出1988年、1992年、1997年、2002年、2006年和2007年等6年的Kernel密度图,如图5.2所示,这6年的密度图大致解释了我国省域经济增长分布的演进状况。

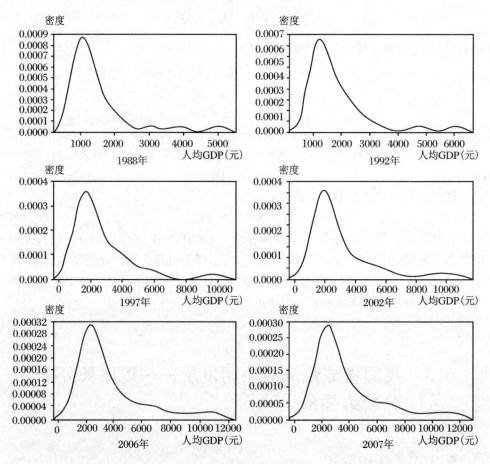

图5.2 我国31个省域主要年份经济人均实际GDP增长分布状况

从图5.2中,我们可以发现31个省域的经济增长分布演进具有几个明显特征：

(1) 从位置上看,1988～2007 年间,密度分布曲线有一种整体向右平移的趋势,这非常直观地反映了各省域经济都出现了快速增长的局面。

(2) 从峰度上看,省域经济发展在 1988～2007 年间出现了由尖峰形向宽峰形发展的变化趋势,且变化趋势十分明显。1988 年省域经济发展还表现出明显的尖峰特征,而随着时间的推移,峰度逐年平缓,左端至中间部分面积开始减少,右端部分面积逐年增加。这些都表明大部分省域经济是快速发展的,虽然尖峰分布退化为宽峰分布还意味着省域经济的趋异。

(3) 从形状上看,1988～2007 年间,我国人均实际 GDP 没有表现出明显的双峰趋同或者多峰趋同,但据 2006 年和 2007 年的分布图也可以发现,省域人均实际 GDP 已经出现了由单峰向双峰模式转变的趋势,2007 年密度分布图体现得更加明显。这种双峰模式的转变意味着我国经济已经开始由收敛走向发散,省域经济的发展面临不协调的状况。双峰模式代表着部分省区将在低水平上集中,另一部分省区在高水平上集中,这更加直观地刻画了区域发展不协调的状况,密度分布图的双峰状况又被称为"双峰趋同"或"两俱乐部趋同"。

2. 我国省域对数相对人均 GDP 增长分布状况

为更加全面验证我国省域经济增长是否存在分化现象,我们还选择了各省区的对数人均 GDP 相对值指标以做对比。对数人均 GDP 相对值指标,即各地区对数人均实际 GDP 与全国对数人均实际 GDP 的差值,它反映了省域经济增速相对于全国经济增速的快慢状况。我们依然应用增长分布方法分别描绘出 1988～2007 年间我国 31 个省域的相对人均 GDP 增长分布图,图中横轴表示人均 GDP 对数值指标,纵轴是密度。本书利用 Eviews 5.0 软件绘图,给出了 1988 年、1992 年、1997 年、2002 年、2006 年和 2007 年等 6 年的 Kernel 密度图,如图 5.3 所示。

相对人均 GDP 分布图至少展现了两个典型特征：

(1) 在 1988～1997 年省域对数相对人均 GDP 核密度函数图中,核密度函数的极值点接近于均值 0,体现为近似正态分布特征。这意味着经济存在着收敛的趋势,但随着市场化竞争和经济制度改革的深化,1997 年以后特别是 2002 年以来,地区经济发展没有体现出进一步的收敛特征,收敛趋势不断弱化并逐步消失,这也预示着各省域经济发展速度"参差不齐",省域经济发展出现两极分化特征。据此,我们可以将省域经济的发展分为两个阶段,1988～1997 年,省域经济发展仍具有收敛趋势,而 1997～2007 年,省域经济发展的收敛趋势不复存在,经济表现出一定的趋异性。

(2) 省域对数相对人均 GDP 核密度函数图也为区域经济的双峰分布趋势提供了支持。形状上,至少在 1988～1997 年的 10 年里,省域对数相对人均 GDP 核密度函数明显体现为单峰分布特征。而 2002 年以后,双峰特征得以显现,特别是 2006 年以后,这种双峰特征趋于明显,双峰特征暗含着经济体的"俱乐部趋同",换个角度理解"俱乐部趋同",其实就是整个经济体的趋异。

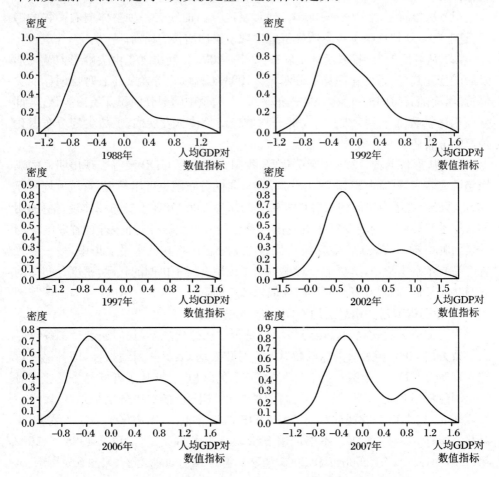

图 5.3　我国 31 个省域主要年份经济相对人均 GDP 增长分布状况

3. 稳健性检验

借鉴徐现祥的思想,从区域间协调发展的角度看,在经济增长分布呈现趋异化的趋势过程中,必将伴随出现经济体内部差距缩小,而经济体间差距不断扩大的现象。因此,我们可以利用相应指标验证我国省域增长分布的趋异状况。本书采用分解基尼系数进行稳健性检验。依照前文的方法将区域经济基尼总系数分解为区域内的贡献、区域间的贡献。从图 5.4 上看,区域内基尼系数的贡献值不断下降,而区域间基尼系数的贡献值不断上升,从而可以认为区域间基尼系数的贡献主导着我国省域间差距的变动,这表明我国省域间经济趋异是稳健的。

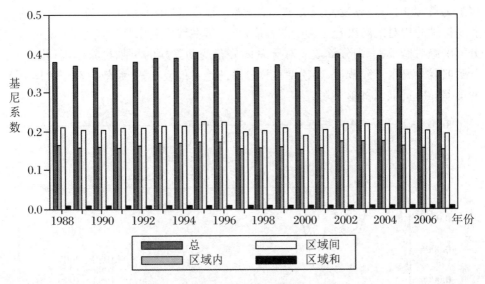

图 5.4　1988~2007 年基尼系数分解图

5.3.3　我国省域经济发展模式因素分解

样本数据的描述性分析如表 5.1 所示,可以看出,我国各区域经济平均水平在研究期间发生了明显的增长,但同时根据对标准差的测算,我国区域经济水平也存在趋异趋势。

表 5.1　我国各年度省域经济水平状况描述性分析

年份	1988	1992	1997	2002	2006	2007	变动比例(%)		
							1988~1992	1993~1998	1999~2007
均值	1494.33	1833.34	2905.19	3030.10	3599.43	3775.20	22.69	28.98	17.23
标准差	956.91	1138.93	1831.10	2166.70	2404.97	2445.86	19.02	22.49	3.01
中位数	1210.13	1378.72	2061.68	1939.92	2323.03	2456.68	13.93	27.93	25.76

区域经济存在趋异趋势在前面增长的分布分析中也得到了相关验证,但是区域经济趋异发展模式到底是由何种因素导致的,我们可以通过模式的分解找出答案。依照上文提到的分解方法,我们将区域经济分布密度曲线总差异分解为三个部分,分别为均值效应、方差效应和残差效应(使用 Stata 编程)。密度函数分解图给出了直观的描述:分解曲线和坐标轴的相对位置决定了影响的方向,曲线在水平轴上方,则表明贡献为正,此时与差异变动同方向;相反,若在水平轴下方,则表明

贡献为负,此时与差异变动反方向;若与水平轴重合,则表示贡献为 0。分解曲线和坐标轴的相对距离决定了影响的程度,若分解曲线距离水平线较远,则说明这种分解的绝对值较大,则分解效应对于总体分布变动差异的贡献也将越大;相反,若分解曲线距离水平线较近,则说明这种分解的绝对值较小,分解效应对于总体分布变动差异的贡献也将越小。

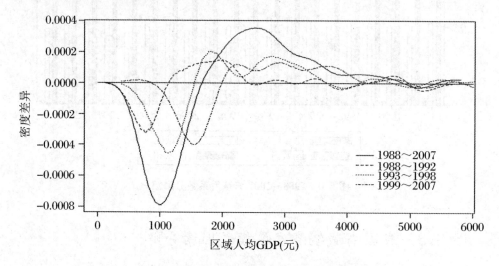

图 5.5　区域人均 GDP 分布函数年度总差异

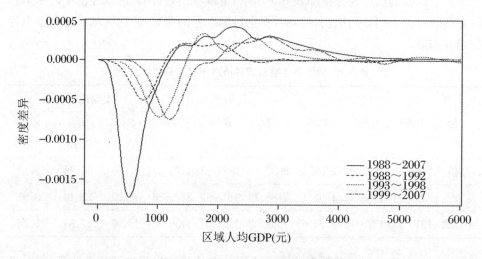

图 5.6　区域人均 GDP 分布函数均值效应

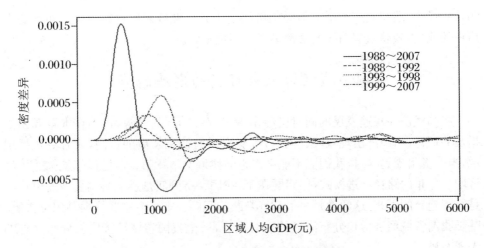

图 5.7　区域人均 GDP 分布函数方差效应

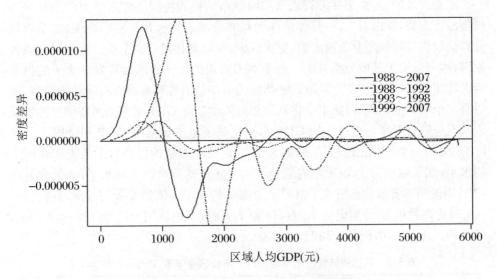

图 5.8　区域人均 GDP 分布函数残差效应

图 5.5～图 5.8 显示了全部样本分布差异的三种不同来源,依据图 5.5,我们可以看到区域人均 GDP 在 1988～1992 年、1993～1998 年、1999～2007 年和 1988～2007 年这几个时期分布函数年度的总差异。图 5.6～图 5.8 依据上文的分解方法,分别对这几个时间段的分布函数总差异进行了均值效应分解、方差效应分解和残差效应分解。从分解效应结果可以看出,在影响分布函数的各因素之中,均值效应仍是最主要因素,均值效应是假定在所有区域经济可以均等发展的情况下,经济水平的提高对于不同年份间的经济增长所起到的作用,均值效应与年度分布差异的变动方向基本一致;其次影响较大的因素为方差效应,方差效应则表明不同年份间当均值保持不变而变异度增大对于整体分布的影响,方差效应可反映整体样本中经济水平的分化程度,方差效应与年度分布差异的变动方向相反;残差效应的影

响效果最小,残差效应表明了不同年份间由于异质性群体的存在使得分布形态上出现的改变,残差效应曲线通常都呈现出不规则状。

5.3.4 我国省域经济未来可能的发展态势

我国经济在快速发展的同时已经出现了双峰趋同的趋势,正如在本章开始处提及的那样,当经济出现双峰趋同时,究竟有没有协调发展的机制,或者更概括地说,当经济出现趋异时,我们能不能再次走向协调? 本章第 2 节已详细地描述了经济增长分布的路径演进模式,但问题在于,我国经济到底是遵从协调发展的模式还是经济趋异的模式,这的确是一个有待判断的问题。本小节主要依据马尔可夫链,基于我国省域经济增长分布演进的现有态势,展望我国省域经济增长分布演进的未来态势。

需要提及的是,本书并没有依据双峰分布的模式将经济体划分为两个部分以展望经济态势,原因有二:一是经济体的双峰分布态势近几年刚刚显现;二是双峰分布仅仅将经济体划分为两大类,层次较少,难以概括经济的全貌。鉴于以上两种原因,本书采用了其他分类方法。由于本书所用的反映省域经济发展水平的指标为人均实际 GDP,而人均实际 GDP 指标随着年份的推移有着向右移动的趋势,难以有一个明确的分组,因此本书将利用相对人均实际 GDP 水平来对省域经济发展未来态势进行考察。相对人均 GDP 水平反映了本省域实际 GDP 和全国人均实际 GDP 的一个相对比值,如果取值大于1,说明本省域的经济水平领先于全国平均水平;如果取值为1,说明本省域经济水平正好达到全国平均水平;如果取值小于1,则说明本省域的经济水平落后于全国平均水平。依照此分类方法,我们将空间先分为四种状态,分别记为 I_1, I_2, I_3 和 I_4,所代表的区间分别为:$(-\infty, 0.640]$,$(0.640, 0.861]$,$(0.861, 1.132]$,$(1.132, +\infty)$。

表 5.2 我国省域经济水平增长的一步转移矩阵表(1988~1989 年)

	I_1	I_2	I_3	I_4
I_1	7/8	1/8	0	0
I_2	1/8	5/8	2/8	0
I_3	0	1/8	5/8	2/8
I_4	0	0	0	1

表 5.3 我国省域经济水平增长的转移矩阵表(1988~2007年)

	I_1	I_2	I_3	I_4
I_1	5/8	3/8	0	0
I_2	1/8	5/8	2/8	0
I_3	0	1/8	3/8	3/8
I_4	0	0	0	1

转移矩阵中的元素均表示从状态空间 I_i 转移到另一个状态空间 I_j 的概率,我们根据1988年和1989年的数据计算出了一步转移矩阵概率,并根据1988~2007年的数据计算出了1988~2007年的转移矩阵概率,通过表5.2和表5.3,我们可以发现,转移矩阵具有一些比较鲜明的特征：

(1) 各省域经济状况具有持久性,流动性较低。通过观察可以发现,转移矩阵中对角线上元素的值越大,表明区域经济在下一期仍保持上一期状态的概率越大,省域经济越趋向于维持现状,即经济发达地区仍保持发达、欠发达地区仍保持不发达的概率较大。

(2) 省域经济更偏好于下一期转向更高水平状态空间,即省域经济转向于更高水平空间的概率要大于转向更低水平状态空间的概率。如表5.2中,欠发达地区在下一期转向较发达地区的概率为25%,而转向不发达地区的概率为12.5%；表5.3中,欠发达地区在下一期转向较发达地区的概率为37.5%,而转向欠发达地区的概率为12.5%。

(3) 省域经济发展难以跨越式发展。表中数据显示,所有的状态转移均发生在相邻状态中,跨越式的转移没有出现,所有的变动均发生在相邻状态中,跨状态的转移较难发生。

(4) 省域经济发达地区地位"牢不可破"。在表5.2和表5.3中表现为状态4不发生任何转移,这也反映了经济发达省域的发展具有不可逆性。

根据5.1.3小结,这属于命题1的第4种状况,换句话说,这4种状态中总会有经济体存在。根据表中的转移矩阵,求不出稳定分布矩阵,这从一个侧面验证了省域经济难以出现收敛局面,但观察表5.2和表5.3这个"不平衡"的矩阵,我们可以发现,经济的总体发展具有不可逆的趋势,这也符合经济增长的现实状况。

5.3.5 结论性述评

本章首先依据增长分布的主要概念描绘了区域经济增长的路径演绎图,并对区域经济增长的演进模式进行了说明。在理论分析之后,本书通过核密度函数密度分布图对几个主要年份反映经济水平的指标进行了分析,据研究结论,我们可以认为省域经济随着时间的推移已具有发散趋势,且表现出了"双峰趋同"的态势,这对于省域经济协调发展这个主题而言并不是一个好信号。本章还通过马尔可夫链试图对省域经济发展的未来状况进行分析和预测,根据相应的转移矩阵,我们得出了许多有意义的结论,但仅凭转移矩阵很难计算出一个稳态分布矩阵,这也暗示了省域经济发展趋异的状态将持续。

第6章 区域经济协调发展分形分析

纵览区域经济协调发展研究,我们发现研究中都存在一个隐含假设:社会经济系统内部主要受线性的相互作用。而这样的假设显然不符合现实的经济社会环境。因为区域经济系统本身就应该是一个按照时间顺序先后发展演变的非常复杂的非线性系统,系统及其组成变量之间的关系是极其复杂的,这些关系可能既不完全随机也不完全确定,既不完全混沌也不完全周期,因此在进行区域经济研究时不能用"线性"概括。在针对非线性系统进行研究时,标准的统计方法将失去效用,因为通常而言,标准的统计分析方法是假定所研究的系统是随机的且有正态的极限分布,而介于随机结构与确定结构之间的非线性系统,单纯依靠线性分析的方法难以把握经济系统的内部规律,所以我们尝试采用非线性的研究方法去探寻经济系统内部发展的演变规律。

最典型的非线性方法就是混沌模型,但在本书中,运用混沌模型难以实现,因为采用混沌模型通常需要大量的样本数据点,而我国对区域发展的关注即使从改革开放后算起,也才30多年,难以达到混沌模型对数据量的要求,因此我们采用分形R/S技术方法对区域协调发展状况进行研究。

6.1 分形分析和R/S分析法的原理及模型

6.1.1 分形理论及R/S分析法介绍

分形理论作为一种非线性理论,最早由法国数学家Mandelbrot提出,当时他给分形的定义为:"一个对象,其组成部分以某种方式与整体相似(相关)的形,或指在很宽的标度范围内,无特征标度却有自相似性或自仿射性(几何相关性)的一种现象。"遵照Mandelbrot对分形的定义,我们认为分形主要是指部分结构与整体结构在时间或空间尺度上具有相似性。这种相似性既可以是结构或过程的特征在不同空间尺度或时间尺度下的相似,也可以是某系统或结构的局部结构与整体之间的相似。这种自相似性导致在一定的标度范围内,研究的客体特征与所用的计量尺度无关,换句话说,在此标度范围内若对研究的客体进行放大或缩小,所得的客体形态、复杂程度、不规则性等各种特性均不会发生变化。自相似性的以上特征,有时又被称为长期依赖性或长期记忆性,这意味着近期的变化会对远期的波动产生影响,因此,我们可以通过对近期变化的认识去描绘远期的波动。分形理论正是从这样的一个新层面深化和丰富了整体与部分之间的辩证关系,为人们认识现象提供了一种新的方法论。由此可见,虽然具有分形特性的事物可能在外表上是无序的、结构上是复杂的,但内部仍然是有规律可循的。分形理论的研究对象主要就是自然和社会经济领域中这些不规则的复杂现象。

区域经济现象按照时间先后顺序排列成时间序列,在以时间为横轴,观测数据为纵轴的坐标系内,将绘制的散点连成曲折的、非光滑的曲线,从统计意义上看,这条曲线具有很明显的分形特征,经济现象的现状和未来的发展趋势会沿着分形曲线做波动式变化。从几何意义上看,这种演化呈现出的波动规律通过仿射坐标变换又具有不变性,即通过某些方向的拉伸和压缩,不同区段的波形与整体相似,即不同地区的经济发展的特征、状况、水平等都具有自相似性,符合分形的几何内涵。因此,这个连接的曲线便是分形曲线,我们可以使用上述的非线性分析工具分形理论进行研究。用分形理论来研究无序且有自相似性特征的时间序列系统发展演变规律,关键是找到变量序列随着时间变化而呈现出的某种程度上的自相似性或长期记忆性。水文学家赫斯特(Hurst)基于大量的实证研究,提出了 R/S 分析技术和一个新的统计量 Hurst 指数,R/S 分析技术的优点在于不必假定序列的分布特征,无论序列是否服从正态分布,R/S 分析的结果稳健性均不会受到影响。Hurst 指数统计量的最主要作用便是对时间序列的非线性系统长期记忆过程进行探寻,Hurst 指数的大小可以表明该时间序列是完全随机的,还是存在趋势性成分;若存在趋势性成分,则是持续性趋势还是反持续性趋势。

表 6.1 线性研究方法与分形 R/S 研究方法的比较

名称	线性研究方法	分形 R/S 研究方法
特性	线性系统	非线性、开放、耗散系统
均衡状态	均衡	允许非均衡
系统复杂性	简单系统	具有分形等特性的复杂系统
反馈机制	无反馈	正反馈
对信息的反应	线性因果关系	非线性因果关系
时间序列	布朗运动($H=0.5$)	分数布朗运动($H\in[0.5,1)$)
可预测性	不可预测	提供了一个预测的新方法
波动有序性	无序	有序
联系	分形理论拓展了区域经济协调发展的研究范围	
	分形市场理论更广泛、更准确地刻画了区域经济协调发展	

6.1.2 分形 R/S 技术的模型与算法

在分形 R/S 技术中,重要的指标是 Hurst 指数(后文记为 H)和分维 D。Hurst 指数记录了时间序列的长期记忆过程,而分维 D 可以衡量时间序列分式布朗运动的不规则或混沌程度,D 值越大表明运动越不规则、越复杂,反之则越简单、越有规律。分维 D 和 Hurst 指数之间存在密切关系,Feder 通过实证论证了时间序列的分维 D 和 Hurst 指数之间的关系为

$$D = 2 - H \tag{6.1}$$

从上式可以看出,求出 Hurst 指数或者分维 D 的任意一个数值,便可以得到另一数值。对于时间序列而言,Hurst 指数有着一套比较成熟规范的算法。

首先假设有一时间序列 X,在时刻 $t_1, t_2, \cdots, t_n$ 处的序列值分别为 $x_i = x_1, x_2, \cdots, x_n$,我们将时间序列划分为长度为 h 的相邻子区间 A,即 $Ah = n$ 则每个子区间的均值为

$$\bar{x} = (x_1 + x_2 + \cdots + x_n)/h \tag{6.2}$$

标准差为

$$S(h) = \sqrt{\sum_{i=1}^{n}(x_i - \bar{x})^2 / h} \tag{6.3}$$

均值的累积横距为

$$X(t_j) = \sum_{i=1}^{j}(x_i - \bar{x}), \quad 1 \leqslant j \leqslant h \tag{6.4}$$

组内极差为

$$R(h) = \max_{1 \leqslant j \leqslant h}[X(t_j)] - \min_{1 \leqslant j \leqslant h}[X(t_j)] \tag{6.5}$$

于是我们可以计算统计量

$$\tilde{Q} = R(h)/S(h) = (\alpha h)^H \tag{6.6}$$

式中,h 为观察次数,α 为常数,H 则为 Hurst 指数。Mandelbrot 后来的研究表明,平稳时间序列中 Hurst 指数的取值范围为 $[0,1]$。通过观察,我们可以发现 H 可由原始时间序列 $x(t)$ 的观测值来拟合求得。具体方法是对式(6.6)取同底对数,可得

$$\ln[R(h)/S(h)] = H\ln\alpha + H\ln h, \quad h = 2, 3, \cdots, H \tag{6.7}$$

在 $R(h)/S(h)$ 与 h 的图上,H 表现为其斜率。因此在双对数坐标系 $(\ln h, \ln(R/S))$ 中建立一元线性回归模型,用普通最小二乘法(OLS)拟合,可以得到

$$H = \frac{(H-1)\sum_{t=1}^{H-1}\ln t[\ln R(t) - \ln S(t)] - \sum_{t=1}^{H-1}\ln t \sum_{t=1}^{H-1}[\ln R(t) - \ln S(t)]}{(H-1)\sum_{t=1}^{H-1}(\ln t)^2 - \left(\sum_{t=1}^{H-1}\ln t\right)^2}$$

$$\tag{6.8}$$

再根据式(6.1)(即 $D=2-H$)可得分维值 D。

在 R/S 分析方法中,分形几何还为我们提供了另一个重要的测度指标——关联度,关联度可以通过关联函数求得

$$C(t) = \frac{-\Delta B(-t)\Delta B(t)}{\Delta B(t)^2} \tag{6.9}$$

式中,$C(t)$ 即为关联度,关联度的高低可以作为经济梯度推移格局是否存在的重要判别标准。关联函数 $C(t)$ 反映了事物发展的未来状态与历史数据的相关特性,其值可称为经济的内在趋势强度指数。强度指数越大,表明不同时期的经济之间的关联度越高。这里关联度实际测度的是,同样条件下不同地区在不同时期经济发展的相关程度,如果某地区的发展态势与另一地区在另一时期的发展态势高度相关,则测得的关联函数值即关联度就越高,即经济内在的相继发展的趋势的强度越大。

分形几何已经证明关联函数和维数之间存在的函数关系,即

$$C(t) = 2^{3-2D} - 1 \tag{6.10}$$

据上述关联函数,我们可以将 Hurst 指数依取值范围划分为 4 种情况并逐一分析其关联效应。

(1) $H=0.5, D=1.5$ 时,$C(t)=0$,意味着过去的 $\Delta B(-t)$ 与未来的 $\Delta B(t)$ 无关,换句话说,也就是时间序列中过去的增量与未来的增量之间无相关性或只有短过程相关,这表明时间序列完全是一随机游走序列。反映在时间序列变量上,即指标之间相互完全独立,互相没有依赖,现象间的变化是完全随机的。

(2) $0.5<H<1, 1<D<1.5$ 时,$C(t)>0$,意味着过去的 $\Delta B(-t)$ 与未来的 $\Delta B(t)$ 呈现正相关关系,这也表明了时间序列各变量之间具有长期正相关特征,即未来的变化趋势和过去的趋势符号相同。具体地说,也就是如果过去某时期有一个正的增量,则将来也有一个正增量;如果过去某时期有一个负的增量,则将来也有一个负增量。$C(t)>0$ 表明过程具有持续性或长期记忆性,现象演化的整体方向将继承过去的趋势。换言之,平均看,过去一个增长趋势意味着将来一个增长趋势;反之亦然,即过去一个减少趋势意味着将来一个减少趋势。并且 H 值越接近 1,这种正相关性或持续性就越强,反之越弱。

(3) $0<H<0.5, 1.5<D<2$ 时,$C(t)<0$,意味着过去的 $\Delta B(-t)$ 与未来的 $\Delta B(t)$ 呈现负相关,这也表明了时间序列各变量之间具有长期正相关特征,即未来的变化趋势和过去的趋势符号相同。具体地说,也就是如果过去某时期有一个正的增量,则将来也有一个正增量;如果过去某时期有一个负的增量,则将来也有一个负增量。$C(t)<0$ 表明该过程具有反持续性,也被称为均值反复,即该时间序列在过去的下降趋势意味着将来的上升趋势,该时间序列在过去的上升趋势意味着将来的下降趋势,并且 H 值越接近 0,这种负相关性或反持续性就越强。

如上文所述,R/S 分析技术方法主要是通过对近期自相似行为的描述来反映

远期的波动的,但多数现实的复杂系统的自相似行为是存在时间效应的,在一定的时间效应外,经济系统往往难以显示出自相似行为,因此在应用 R/S 分析方法时,我们有必要关心此时间限度,这个限度称为无标度区。在 R/S 分析中,学者通常采用统计量 V_n 来测度序列非周期循环的平均长度,即

$$V_n(q) = \tilde{Q}/\sqrt{n} \qquad (6.11)$$

V_n 还可以通过 $\lg\tilde{Q}$ 和 $\lg n$ 的关系图的突变点进行判断,在 $\lg\tilde{Q}$ 和 $\lg n$ 的关系图上,对于具有状态持续性($0.5<H<1$)的过程来说,$\tilde{Q}$(即(R/S))比 n 增长得快,散点会呈现向上分布趋势;而对于具有状态反持续性($H<0.5$)的过程来说,$\tilde{Q}$(即(R/S))比 n 增长得慢,散点会呈现向下分布趋势。当图形形状发生改变时,就产生了突变,长期记忆便消失,曲线由上升转为常数或下降的分界点即为序列"长期记忆"的消失点,我们据此便可以判断 $V_n(q)$ 的值。

6.2 我国省域经济的协调发展——以分形 R/S 技术为视角

正如上文所言,区域经济发展本质上是一个受非确定性因素影响的非线性系统,因此,我们在本章节利用非线性方法——分形 R/S 技术对我国区域经济发展差异进行研究,期望通过研究可以达到两个目的:第一,验证我国复杂的省域经济发展活动在演变过程中是否满足赫斯特(Hurst)律,进而检验分形现象表现为趋同($0<H<0.5, 1.5<D<2$)、趋异($0.5<H<1, 1<D<1.5$)、随机($H=0, D=1.5$)还是非平稳($H\geqslant 1$);第二,通过对我国省域经济活动的分形检验测定区域之间所具有的协调度,并据此对区域经济活动的未来发展做出科学预测。

6.2.1 数据描述

1. 数据来源

前文已经提及了区域经济统计差异的多种统计测度方法,既可以采用绝对指标和相对指标进行测度,也可以使用基尼系数相关指标进行测度,本书将采用省域人均实际 GDP 全距绝对指标、省域人均实际 GDP 变异系数相对指标和省域人均 GDP 总基尼系数这 3 个指标进行分形分析,力争从多维度全面地对我国各省域的经济发展情况进行分形分析。表 6.2 汇总了相关统计数据。

表 6.2　1988～2007 年我国省域经济发展差异衡量指标表

年份	人均实际 GDP 全距（元）	变异系数	基尼系数	年份	人均实际 GDP 全距（元）	变异系数	基尼系数
1988	4356.15	0.64	0.3188	1998	8889.23	0.64	0.3297
1989	4386.81	0.61	0.3075	1999	9031.32	0.65	0.3384
1990	4497.10	0.59	0.2961	2000	9160.14	0.66	0.3175
1991	4843.40	0.41	0.3072	2001	8937.58	0.66	0.3345
1992	5301.83	0.62	0.3176	2002	9411.38	0.72	0.3629
1993	6342.21	0.64	0.3327	2003	9394.46	0.71	0.3646
1994	7263.79	0.64	0.3346	2004	10093.72	0.71	0.3587
1995	8266.41	0.63	0.3217	2005	10042.57	0.69	0.3371
1996	8603.39	0.62	0.3167	2006	9922.07	0.67	0.3285
1997	8891.49	0.63	0.3210	2007	10114.26	0.65	0.3276

2. 数据的自相关性检验

Klemes 认为时间序列的自相关性会使得 R/S 分析法对短期相关性敏感，因此为考察数据之间的自相关性，我们首先使用 Ljung-Box 的修正统计量 Q_{LB} 对以上 3 个时间序列进行检验，滞后阶数分别取 1,2,3,4。检验结果如表 6.3 所示。

表 6.3　相关指标自相关检验值

统计量	Q_{LB}			
滞后阶数	1	2	3	4
人均实际 GDP 全距	17.600	30.160	37.438	40.573
变异系数	17.878	28.950	33.997	35.762
基尼系数	12.470	15.133	15.300	15.319

从表 6.3 可以看出，所有变量的水平序列在 5% 的显著性水平上都通过了检验，说明了 3 个序列都存在着显著的序列相关性。

3. 数据的预处理

针对时间序列可能存在的自相关问题，Peters 主张采用残差序列进行 R/S 分析，因为他认为 $AR(1)$ 的残差序列的自相关程度将会相对降低许多。依据 Peters 的建议，我们将利用序列的 $AR(1)$ 残差序列进行 R/S 分析。记原始时间序列为 $\{y_t\}$，则以 y_t 为因变量，y_{t-1} 为自变量。y_t 对 y_{t-1} 进行回归分析后可得到时间序列 $\{y_t\}$ 的 $AR(1)$ 残差序列 $\{x_t\}$，即

$$\{x_t\} = y_t - (a + by_{t-1}) \tag{6.12}$$

时间序列$\{x_t\}$的长度为$t-1$,下面对时间序列的残差序列$\{x_t\}$进行分析。

4. 时间序列波动记忆性的修正 R/S 检验

在进行分形之前,我们首先利用修正 R/S 统计量对时间序列做记忆性检验,虽然 R/S 统计量可用于检验时间序列波动的长记忆性,然而,对于不同零假设下的短记忆形式,R/S 统计量极限分布并不相同,因此 R/S 统计量很难对短记忆进行检验。Lo 对 R/S 分析方法进行了改进,规避了 R/S 统计量在短记忆检验中的缺陷,得到了修正的 R/S 统计量 Q_n,即

$$Q_n = \frac{1}{\sigma_n(q)} \Big[\max_{1\leqslant j \leqslant n} X(t_j) - \min_{1\leqslant j \leqslant n} X(t_j) \Big] \tag{6.13}$$

$$\begin{aligned}
\sigma_n^2(q) &= \frac{1}{n}\sum_{j=1}^{n}(X_j - \bar{X})^2 \\
&\quad + \frac{2}{n}\sum_{j=1}^{q}\omega_j(q)\Big[\sum_{i=j+1}^{n}(X_i - \bar{X})(X_{i-j} - \bar{X})\Big] \\
&= \sigma_x^2 + 2\sum_{j=1}^{q}\omega_j(q)\gamma_j
\end{aligned}$$

式中,$\omega_j(q) \equiv 1 - \frac{j}{q+1}$,对于$q < n$。$\sigma_x^2$和$\gamma_j$是$x_i = x_1, x_2, \cdots, x_n$的样本方差和样本协方差。Kennedy 给出了$Q_n$的分布函数

$$F(v) = 1 + 2\sum_{k=1}^{\infty}(1 - 4k^2v^2)e^{-2k^2v^2} \tag{6.14}$$

式中,v为分位数,$F(v)$为累积概率,即$F(v) = P(x < v)$,由计算可知,$F(2) = 0.9899, F(3) = 0.9999$。

表 6.4 相关时间序列记忆性检验图

统计量	Q_n	P
人均实际 GDP 全距	5.7773	0.0000
变异系数	4.6436	0.0000
基尼系数	5.3563	0.0000

如表 6.4 所示,我们计算出人均实际 GDP 全距、变异系数、基尼系数序列的Q_n统计量分别为 5.7773,4.6436,5.3563,伴随概率均为 0.0000,可见记忆性非常显著。

6.2.2 我国省域经济相关指标的分形结果

1. 我国人均实际 GDP 全距的分形结果

本书运用 R/S 分析方法,首先根据人均实际 GDP 的变化状况分析中国经济协调发展的未来趋势。依照时间序列$\{x_t\}$,我们利用 Gauss 软件编程计算出人均实际 GDP 全距的分形相关结果,如表 6.5 所示。

表 6.5 我国人均实际 GDP 全距分形结果

Hurst 指数	分维 D 值	关联度值 C	修正 R/S 统计量	V 统计量
0.8289	1.1711	0.5776	5.7773	0.6408

由于样本数据点的限制,本书仅计算出了 1988~2007 年间人均实际 GDP 全距的相关分形结果值,测算出人均实际 GDP 在 1988~2007 年这 20 年间的 Hurst 指数为 0.8289,对应的分维 D 值为 1.1711,关联度值为 0.5776。显然,人均实际 GDP 全距 Hurst 指数值在区间[0.5,1]内,分维 D 值在区间[1,1.5]内,关联度值 $C(t)$ 在区间[0,+∞)内。据上文的分析结果知,人均实际 GDP 全距时间序列各变量之间具有长期正相关特征,即未来的变化趋势和过去的趋势符号相同,且人均实际 GDP 的 Hurst 指数值接近于 1,则证明这种正相关性或持续性较强,这些都意味着未来的 20 年内人均实际 GDP 全距将保持和这 20 年几近相同的趋势。而根据本书第 3 章的相关结论,1988~2007 年这 20 年间人均实际 GDP 一直存在着发散的趋势,因此,未来 20 年,从人均实际 GDP 这个测度指标看,省域经济发展仍将继续发散。

我们同时利用 R/S 分析图观察人均实际 GDP 全距、V 统计量的变化情况,如上文所述,在 R/S 分析图中,若 V 线表现为水平,则序列为随机,若 V 线有上升趋势,则序列表现为长期记忆特征,我国人均实际 GDP 全距 R/S 分析图如图 6.1 所示。从图 6.1 中可以看出 V 线呈上升趋势,这印证了前文所说的相关结论,R/S 分析图形中 V 线的拐点应为序列的非周期循环的长度,但由于样本时限的限制,图 6.1 并没有出现拐点,因此我们无法推断我国人均实际 GDP 全距的非周期循环长度。

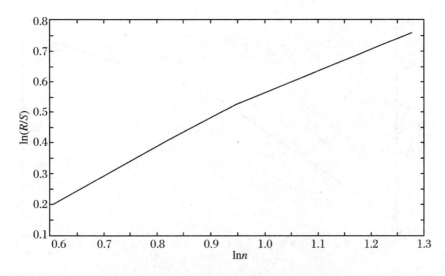

图 6.1 我国人均实际 GDP 全距 R/S 分析图

2. 我国经济发展变异系数的分形结果

本书仍然运用 R/S 分析方法,再次根据经济发展变异系数的变化状况分析我国经济协调发展的未来趋势。依照变异系数残差序列 $\{x_t\}$,利用 Gauss 软件编程计算出了经济发展变异系数的分形相关结果,如表 6.6 所示。

表 6.6 我国经济发展变异系数分形结果

Hurst 指数	分维 D 值	关联度值 C	修正 R/S 统计量	V 统计量
0.6255	1.3745	0.1900	4.6436	0.2646

同样由于样本数据点的限制,本书仅计算出了 1988~2007 年间的经济发展变异系数的相关分形结果值,测算出经济发展变异系数在 1988~2007 年这 20 年间的 Hurst 指数为 0.6255,对应的分维 D 值为 1.3745,关联度值为 0.1900。显然,Hurst 指数值在区间[0.5,1]内,分维 D 值在区间[1,1.5]内,关联度值 $C(t)$ 在区间[0,+∞)内。据上文的分析结果知,经济发展变异系数时间序列各变量之间具有长期正相关特征,即未来的变化趋势和过去的趋势符号相同,这意味着未来的 20 年内经济发展的变异系数也将保持和这 20 年类似的趋势。而据前文结论,1988~2007 年这 20 年间变异系数存在发散趋势,因此,未来 20 年,从变异系数这个测度指标看,省域经济发展仍将继续发散。

我国经济发展变异系数 R/S 分析图如图 6.2 所示。图 6.2 中 V 线呈上升趋势,支持了上文的论证结果。但同样由于样本时限的原因,我们无法推断我国经济发展变异系数的非周期循环长度。

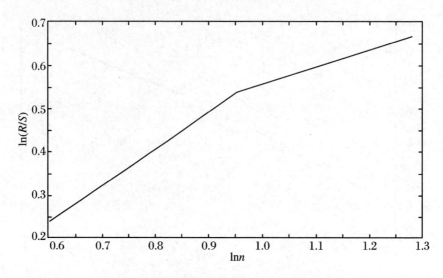

图 6.2　我国经济发展变异系数 R/S 分析图

3. 区域基尼系数的分形结果

本书还利用 R/S 分析方法对经济发展基尼系数的变化状况进行了分形分析。利用 Gauss 软件编程计算出了经济发展基尼系数的分形相关结果,如表 6.7 所示。

表 6.7　我国经济发展基尼系数分形结果

Hurst 指数	分维 D 值	关联度值 C	修正 R/S 统计量	V 统计量
0.6852	1.3148	0.2927	5.3563	0.5078

由于样本数据点的限制,本书仅计算出了 1988~2007 年间的相关分形结果值,测算出人均实际 GDP 在 1988~2007 年这 20 年间的 Hurst 指数为 0.6852,对应的分维 D 值为 1.3148,关联度值为 0.2927。显然,经济发展基尼系数 Hurst 指数值在区间[0.5,1]内,分维 D 值在区间[1,1.5]内,关联度值 $C(t)$ 在区间[0,+∞)内。据上文的分析结果知,经济发展基尼系数时间序列各变量之间具有长期正相关特征,即未来的变化趋势和过去的趋势符号相同,这意味着未来 20 年内经济发展的变异系数也将保持和这 20 年类似的趋势。而据前文结论,1988~2007 年这 20 年间基尼系数持续扩大,因此,未来 20 年,从基尼系数这个测度指标看,省域经济发展仍将继续发散。

我国经济发展基尼系数 R/S 分析图如图 6.3 所示,图中 V 线也呈现上升的态势。验证了上文的相关结论,但由于 R/S 分析图中未出现转折点,我们仍然无法推断出我国经济发展基尼系数的非周期循环长度。

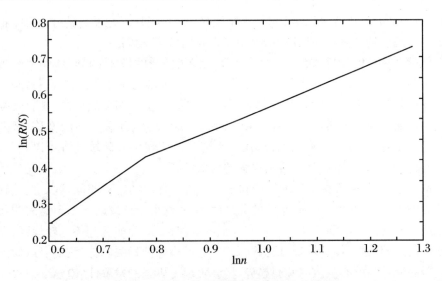

图 6.3　我国经济发展基尼系数 R/S 分析图

6.2.3　分形结果的稳定性检验

对于一个相互独立的时间序列,其序列间相互依赖性微弱,时间序列之间不存在显著的长期记忆特征。而上文检测的所有时间序列之间存在明显的长期记忆特征,为了验证结果的稳定性,本书将时间序列数据进行"搅拌",即打乱其排列顺序,并重新计算 H 值。依照分析,"搅拌"后的数据将不存在或者存在微弱的时间记忆特征,因为数据经"搅拌"之后,原有时间序列的结构遭到破坏,直接导致了时间序列有序程度降低。"搅拌"后的数据分形结果如表 6.8 所示,结果表明通过随机"搅拌",各时间序列的 H 值均明显下降,而且接近于 0.50。这也为原时间序列具有长期记忆特征提供了佐证。

表 6.8　"搅拌"后数据分形结果

指标	原 Hurst 指数	"搅拌"后的 Hurst 指数
人均 GDP 全距	0.8289	0.5381
变异系数	0.6255	0.5224
离散系数	0.6852	0.5105

6.2.4　结论性述评

据以上 3 种指标的分形 R/S 分析结果,虽然分形结果在数值上存在一些差异,但是人均实际 GDP 全距、经济发展变异系数和经济发展基尼系数的分形结果都提供了经济趋异的证据,并且 3 种结果相互之间提供了支撑依据。

从赫斯特(Hurst)指数分析,这 3 大反映经济差异的指标 Hurst 值都大于 0.5,说明 1988~2007 年这 20 年间,我国区域发展差异的演变过程满足赫斯特律,而且区域发展差异 3 项指标随时间变化表现出了明显的正自相关性特征,具有较强的持续性。而据前文分析可知,1988~2007 年这 20 年间,随着时间的推移,区域经济已经开始有趋异趋势,换句话说,在未来的 20 年,我国的区域经济难以趋同,趋异状态可能仍将维持,并且呈现出更强的发散性。

从分维值 D 来考察得出的结论和 Hurst 指数得出的结论相同,这 3 大反映经济差异的指标在 1978~1990 年间的分维值 D 一直小于且接近于 1.5,这表明我国区域经济发展差异的演变整体上具有较强的规律性,差异演变趋势比较规则,显示出较强的正相关性(持续性)。根据这 20 年变异指标的相关趋势,我们可以做出判断我国区域经济没有收敛(趋同)趋势,将会表现为更强的发散性(趋异)。

从关联度指标 C 分析,这 3 大反映经济差异的指标的 C 值均大于 0,据前文的分析,这意味着过去的 $\Delta B(-t)$ 与未来的 $\Delta B(t)$ 呈现正相关关系,同样说明了我国的经济发展将继续趋异,而非走向协同。

这些结果给我们的启示就是:在区域经济协调发展这个问题面前,我们切不可"坐以待毙",而应"主动出击",用更加积极的政策和相关手段遏制这种继续扩大的区域发散趋势,逐步实现区域经济均衡发展。

第7章 区域经济协调发展空间统计分析

区域经济的研究应将空间因素纳入其中,这正是传统的研究方法的"软肋"。本章将空间统计和空间计量分析方法与传统的面板分析方法相结合,利用空间面板计量经济学对我国省域的经济增长和协调发展状况进行空间上的梳理和分析,并且使用地理系统中较前沿的 GWR 分析方法(采用软件 SAM 实现)对各省域经济的影响因素做详细分析。

7.1 引　　言

7.1.1 问题的提出

一般的经济研究通常伴有很多抽象的理论假设,诸如抽象掉时间差异、空间差异等。但在进行区域经济研究时,很难回避地区间差异对经济的影响,忽视地理空间因素,即使在同一理论框架下,也可能导致极其不准确的结果。区域经济在地理空间上的效应主要表现为空间相关性和空间差异性,正是因为区域经济在空间上的这两个特性,在对区域经济发展进行研究时,非常有必要将这些重要因素集成起来,从相互作用的角度,采用更加合适的统计和计量方法,纳入地理空间因素,来进行相应的空间统计分析并检验各个解释变量因素对被解释变量因素的作用机制和影响程度。本书主要采用当前比较流行的空间统计学和空间计量经济学的相关研究方法。

7.1.2 空间相关性、空间差异性与区域经济发展

1. 空间相关性与区域经济发展

对于区域经济来说,空间相关性主要表现为邻近地区的区域经济增长存在着相互影响。空间相关性可以用数学公式表示为

$$y_i = f(y_j), \quad j = 1, 2, \cdots, n, \quad j \neq i \tag{7.1}$$

空间相关性根据原因可以划分为两类:一类是由于经济、政治和文化等的相互

影响导致的区域间的空间相关性,这类空间相关性又被称为真实空间相关性,可以用空间自回归模型分析,后文将对空间自回归模型详细说明;另一类空间相关性来源于可能存在的测量误差,如果相邻空间单元之间的测量误差在空间上相关且致使空间单元呈现空间相关时,我们称之为干扰空间相关性,可以用空间误差模型分析,后文将对空间自回归模型详细说明。

2. 空间差异性与区域经济发展

在区域经济发展中,空间差异性指空间上的区域缺乏均一性,主要表现为区域在经济发展中存在区域经济中心和边缘地区、区域欠发达和发达地区等,从而导致区域经济在增长速率方面存在显著的空间差异性,空间差异性反映了空间单元之间关系的不稳定性。空间差异性可以用模型表示为

$$y_i = X\beta_i + \varepsilon_i \tag{7.2}$$

空间差异性主要反映在参数 β_i 之上,当存在空间差异性时,参数 β_i 在各空间单元上有所变异,而若 β_i 对所有空间单元都相同时,则各空间单元之间便不存在空间差异性。

当空间差异性与空间相关共同存在时,经典经济计量学方法很难继续使用,而且由于空间维度的复杂性,经济问题也将呈现复杂局面,此时,我们需要更加实用的方法,空间统计学和空间计量经济学应时应需而生。

7.1.3 空间统计学和空间计量经济学

1. 空间统计学

空间统计学是分析空间数据的统计方法,它和传统的统计方法一样,在区域经济分析中发挥着重要作用。空间统计学分析方法通常认为一个区域单元上的某种地理现象或某一属性值与邻近区域单元上同一现象或属性值是相关的。Griffith曾指出几乎所有的空间数据都具有空间依赖或空间自相关特征。空间依赖的存在打破了大多数古典统计方法中相互独立的基本假设。空间统计通过空间位置建立数据间的统计关系,利用相关的统计方法来探索空间联系、空间集聚性及空间变动规律。空间统计学最大的贡献便是引入了"邻近性"概念,"邻近性"概念衍生出空间统计分析的系列研究模型和研究方法。空间统计学的主要任务便是进行空间自相关和空间关联的度量与检验。

2. 空间计量经济学

近来,无论是在应用上还是在理论计量经济学中,区位和空间相互作用都受到了广泛的关注并占据了核心位置,传统的计量经济学方法已经难以适应研究的需要,空间计量经济学应时而生。Anselin 对空间计量经济学的定义是:在区域科学模型的统计分析中,研究由空间引起的各种特性的一系列方法。根据此定义,我们认为空间计量经济学作为计量经济学的一个分支,主要研究的是如何在截面数据

和面板数据的回归分析中处理空间效应(空间效应包括空间自相关性和空间异质性)。换句话说,空间计量经济学就是处理空间效应(空间自相关性和空间异质性)的方法。空间计量经济学有4个令人感兴趣的领域:

(1) 计量经济模型中空间效应的确定;
(2) 合并了空间影响的模型参数估计;
(3) 空间效应存在的说明、检验和诊断;
(4) 空间效应的预测。

根据空间统计和空间计量经济学原理方法,进行空间分析的思路是:采用空间统计分析指数检验变量间是否存在空间自相关性,如果存在,则需要在空间计量经济学理论方法支持下,将空间影响纳入其中,建立空间计量经济模型,进行空间计量估计和检验。

7.2 空间统计学和空间计量经济学的研究工具

7.2.1 空间统计分析工具及其技术

综上所述,进行空间分析的主要任务是对变量间空间自相关的存在性进行检验,那么,如何确定空间自相关性的存在呢? 标准的步骤是:空间权重矩阵的构建→空间自相关程度的测度→空间自相关的检验。我们将顺着这个逻辑思路对空间统计的分析工具逐一进行介绍。

1. 空间权重矩阵

空间权重矩阵 $W=(W_{ij})_{n\times n}$ 主要用于表达空间的相互依赖性,它是外生信息。W 中对角线上的元素被设定为0,而 $W_{ij}(i\neq j)$ 表示区域 i 和区域 j 在空间上的紧密程度,为了减少或者消除区域间的外生影响,权重矩阵在进行其他运算前通常被标准化,矩阵 W 的行和为1,标准化意味着每一个矩阵元素仅仅表示邻接空间的加权平均数。

空间权重矩阵 W 有多种,一般可将现实的地理空间关联或者经济联系考虑到模型中来,主要有邻近指标和距离指标。

(1) 基于邻近概念的空间权重矩阵

这种方法采用邻接标准,其目的是定义空间对象的相互邻接关系。一般相邻标准的 W_{ij} 为

$$W_{ij} = \begin{cases} 1, & \text{区域 } i \text{ 和 } j \text{ 相邻} \\ 0, & \text{区域 } i \text{ 和 } j \text{ 不相邻} \end{cases} \tag{7.3}$$

基于邻近概念的空间权重矩阵又有一阶邻近矩阵和高阶邻近矩阵之分。

(2) 基于距离概念的空间权重矩阵

这种方法采用距离标准，一般基于距离标准的 W_{ij} 为

$$W_{ij} = \begin{cases} 1, & \text{区域 } i \text{ 和 } j \text{ 在距离 } d \text{ 之内} \\ 0, & \text{区域 } i \text{ 和 } j \text{ 在距离 } d \text{ 之外} \end{cases} \quad (7.4)$$

这种方法实质上是假定空间相互作用的强度与区域距离之间关系密切，它简单方便，实践中经常使用。它的关键是要预先设定一个门槛距离，若在门槛距离之内，则认为区域之间存在关联，若超过门槛距离，则区域间没有相互作用

(3) 基于经济社会现象的空间权重矩阵

在基于距离概念的空间权重矩阵中，除了使用真实的地理距离计算外，还包括经济和社会因素的更为复杂的权重矩阵设定方法。经济距离矩阵的设定需满足有意义、有限性和非负性三大条件。经济距离矩阵可以依据区域间交通网密度、贸易流动量、通信量、贸易流动量等设定。

2. 空间自相关指数

将空间效应考虑进来以后，在建立计量模型进行分析研究之前，我们必须先进行空间相关性的检验，空间相关性检验是为后面分析采用的空间经济计量方法做准备。在计算和检验区域经济空间相关存在性时，空间统计学常使用到 2 个类似于相关系数的统计量：一个是由 Moran 提出的空间相关指数 I，另一个为 Geary 所定义的 $Geary c$。尽管任一统计指标都能基本上获得空间自相关的特征，而且在许多分析中两者大致上可以相互替代，但与 $Geary c$ 相比，I 不易受偏离正态分布的影响，因此在大多数应用中，I 更为常用。I 在功用上大致可以分为两大类：全域空间自相关 I 和局域空间自相关 I。

(1) 全域空间自相关 I 指数

全域空间自相关是从区域空间的整体上刻画区域经济活动分布的集群状况，Cliff 和 Ord 给出的全局空间自相关度量指标为

$$I = \frac{\sum_{i=1}^{n}\sum_{j=1}^{n} w_{ij}(Y_i - \bar{Y})(Y_j - \bar{Y})}{\sum_{i=1}^{n}(Y_i - \bar{Y})^2/n} \cdot \frac{1}{\sum_{i=1}^{n}\sum_{j=1}^{n} w_{ij}} \quad (7.5)$$

式中，$\bar{Y} = \frac{1}{n}\sum_{i=1}^{n} Y_i$，$Y_i$ 为空间第 i 单元的属性值，$w_{ij}(i,j=1,2,\cdots,n)$ 是空间权重矩阵 W 的元素，空间权重矩阵可以基于以上所说的三种标准构建。I 指数反映的是空间内的区域单元的属性值的相关程度。与相关系数一样，I 指数的取值区间为 $[-1,1]$，符号代表着相似程度的方向性，而绝对值大小意味着关联的强弱性。通常认为两个空间单元的距离越近，它们之间的关联性越强，表现为属性值的正相关或负相关。正相关和负相关可通过空间相关 I 指数散点图的方式在坐标系的四大象限呈现。第一象限 I 散点为正相关，属性值"高高"相聚；第三象限 I 散点虽也为正相关，但属性值却"低低"相聚；第二象限和第四象限的 I 散点则为负相关，"高

低相错"。

对于 I 指数的计算结果,可以分别采用渐近正态分布和随机分布两种假设进行检验,以评价区域间是否存在空间自相关关系。

检验的标准化形式为

$$Z(d) = \frac{I - E(I)}{\sqrt{\text{Var}(I)}} \tag{7.6}$$

根据地理空间数据的分布情况,可以计算出在正态假设条件下,全域空间自相关 I 指数的期望值 $E_N(I)$、方差 $\text{Var}_N(I)$ 分别为

$$E_N(I) = -1/(n-1) \tag{7.7}$$

$$\text{Var}_N(I) = \frac{1}{w_0^2(n^2-1)}(n^2 w_1 - n w_2 + 3 w_0^2) - E_N^2(I) \tag{7.8}$$

在随机假设条件下,I 的期望值 $E_R(I)$、方差 $\text{Var}_R(I)$ 分别为

$$E_R(I) = -1/(n-1)$$

$$\text{Var}_R(I) = \frac{n[(n^2 - 3n + 3)w_1 - n w_2 + 3 w_0^2] - K[(n^2 - n)w_1 - 2n w_2 + 6 w_0^2]}{w_0^2(n-1)(n-2)(n-3)}$$

$$- E_R^2(I) \tag{7.9}$$

其中,$w_0 = \sum_{i=1}^{n}\sum_{j=1}^{n} w_{ij}$,$w_1 = \frac{1}{2}\sum_{i=1}^{n}\sum_{j=1}^{n}(w_{ij} + w_{ji})^2$,$w_2 = \sum_{i=1}^{n}(w_{i.} + w_{.j})^2$,$K = \dfrac{n\sum_{i=1}^{n}(y_i - \bar{y})^4}{\left[\sum_{i=1}^{n}(y_i - \bar{y})^2\right]^2}$,$w_{i.}$ 和 $w_{.j}$ 分别为空间权值矩阵中 i 行之和及 j 列之和。

(2) 局域空间自相关 I 指数

全域空间自相关指数呈现的只是区域空间整体上经济活动分布的集群状况,而对全域地理范围内不同区域的空间关联模式却无能为力,全域空间自相关 I 指数在有些条件下难以反映局部区域的情况,有时甚至会"颠倒"区域空间关联的正确模式,因此我们还需要新的指标去揭示局部区域之间空间关联模式,此时通常采用局域空间关联指标来分析空间关联的局域特性。局域空间自相关 I 指数作为空间探索技术的重要组成部分,其功能如下:为每个观测单元周围的局部空间集聚状况做显著性评估;揭示对全局联系影响大的样本单元以及不同的空间联系形式。

根据 Anselin 的定义,一般而言,局域空间自相关指标需要满足两个条件:每个区域空间观测单元的空间关联局域指标描述了围绕该区域单元显著的相似值空间单元之间的空间集群程度;所有空间单元的空间关联局域指标之和与对应的全域空间关联指标成比例。

在满足了以上两个条件的前提下,区域局域空间自相关 I 指数的计算公式可以定义为

$$I = \frac{X_i - \bar{X}}{S^2}\sum_{j=1}^{n} W_{ij}(X_j - \bar{X}), \quad i = 1, 2, \cdots, n \tag{7.10}$$

$$S^2 = \frac{1}{n}\sum_{i=1}^{n}(X_i - \bar{X})^2, \quad \bar{X} = \frac{\sum_{i=1}^{n}X_i}{n} \qquad (7.11)$$

其中符号含义与全局 I 指数相同,因局部 I 指数由全局指数各分量的 n 倍定义,取值可以超出区间 $[-1,1]$。该指标形成的正态分布统计量表明相邻单元值的彼此关联情况,可以揭示空间聚集的重要关联点。故局域空间自相关 I 指数是区域空间单元与其相邻近观测单元观测值加权平均的乘积。正的 I 值表示该区域单元周围相似值的空间集群,负的 I 值表示非相似值之间的空间集群。

对于局域空间自相关 I 指数的计算结果,同样可以采用标准化形式对局部空间相关性进行检验:

$$Z(d) = \frac{I - E(I)}{\sqrt{\text{Var}(I)}} \qquad (7.12)$$

在随机假设条件下,I 的期望值 $E_R(I)$、方差 $\text{Var}_R(I)$ 分别为

$$E_N(I) = -\frac{1}{n-1}\sum_{i=1}^{n}w_{ij} \qquad (7.13)$$

$$\text{Var}_N(I) = \frac{w_{i(2)}(n - b_2)}{n-1} + \frac{w_{i(kh)}(2b_2 - n)}{(n-1)(n-2)} - E_N^2(I) \qquad (7.14)$$

式中,$b_2 = \frac{m_4}{m_2^2}$,m_2 和 m_4 分别表示二阶样本距和四阶样本距,$w_{i(2)} = \sum_{j,j\neq i}^{n} w_{ij}^2$,$w_{i(kh)} = \sum_{k, k\neq i}^{n}\sum_{h, h\neq i}^{n} w_{ik}w_{ih}$。

7.2.2 空间经济计量分析工具及其技术

在传统的以时间维为核心的统计和经典计量经济学回归分析中,具有样本在均质空间中的独立同分布特性的统计学假定,但当存在实质性的空间效应时,模型中将不能继续采用均质空间的假定,传统的估计方法也将失效,因为如果模型中遗漏了表征空间效应的项,回归系数 β 的估计将是有偏的。当存在误差相关但忽略了这种相关时,尽管 OLS 估计保持无偏,但如果模型侧重于估计量的显著性检验和拟合度检验的统计推断,OLS 将是不可靠的。面对这些情况,我们必须纳入空间效应(空间自相关性和空间差异性)的空间计量经济模型,空间计量经济模型既包括常系数的空间计量回归模型,还包括变系数的空间加权回归模型。在常系数的空间计量回归模型中,处理这种空间效应可以通过两种方法:其一以空间回归依赖变量的形式外加一个回归参数,这便是空间回归模型,主要适用于强调空间相互作用存在性和强度的估计;其二将其放在误差结构里面来处理,这便是空间误差模型,主要用来纠正在使用空间数据的过程中由于空间依赖所带来的潜在的有偏差的结果。

1. 空间自回归模型

空间自回归模型主要是探讨各变量在区域内是否存在扩散现象。它由空间自回归依赖变量外加外生变量的形式构成,其模型表达式为

$$y = \rho Wy + X\beta + \varepsilon \tag{7.15}$$

式中,y 为因变量;X 为 $n \times k$ 的外生解释变量矩阵;ρ 为空间自回归系数,反映样本观测值中的空间依赖作用,即相邻区域的观测值 Wy 对本地区观测值 y 的影响方向和程度,W 为空间权重矩阵,参数 β 反映了自变量 X 对因变量 y 的影响,与时间序列模型对应部分所保持的不同,空间自回归变量 Wy 是一内生变量,空间自回归项 Wy 与干扰项 ε 相关,甚至当 ε 是零均值误差时也如此,这可以从方程的简化式中看出:

$$y = (I - \rho W)^{-1} X\beta + (I - \rho W)^{-1} \varepsilon \tag{7.16}$$

鉴于空间自回归模型中 Wy 的内生性,模型估计若仍采用最小二乘法(OLS),系数估计值必将有偏或者无效,本书采用 Anselin 提议的极大似然估计法来估计空间自回归模型(SLM)的参数。空间自回归模型 SLM 的估计过程如下:

(1) 对模型 $y = X\beta_0 + \varepsilon_0$ 做 OLS 估计,求出 $\hat{\beta}_0$;

(2) 对模型 $Wy = X\beta_L + \varepsilon_L$ 做 OLS 估计,求出 $\hat{\beta}_L$;

(3) 分别计算出上述两个 OLS 估计的残差 $e_0 = y - \hat{\beta}_0 X$ 和 $e_L = Wy - \hat{\beta}_L X$;

(4) 由 e_0 和 e_L 值,通过对数极大似然函数 L_c 得到参数 ρ 的估计值 $\hat{\rho}$:

$$L_c = \left(-\frac{n}{2}\right) \ln\left[\frac{1}{n}(e_0 - \rho e_L)'(e_0 - \rho e_L)\right] + \ln|I - \rho W| \tag{7.17}$$

对于大样本而言,有

$$\hat{\rho} \approx \frac{e_0'}{e_L}$$

(5) 空间自回归模型的最大对数或然函数为

$$\ln L = -\frac{N}{2}\ln(2\pi) - \frac{N}{2}\ln\sigma^2 + \ln|I - \rho W|$$
$$- \frac{1}{2\sigma^2}(y - \rho Wy - X\beta)'(y - \rho Wy - X\beta) \tag{7.18}$$

由 $\hat{\rho}$ 值及上式的最大似然函数可以计算出 $\hat{\beta}$ 和 $\hat{\sigma}_\varepsilon^2$ 分别为

$$\hat{\beta} = \beta_0 - \hat{\rho}\beta_L$$
$$\hat{\sigma}_\varepsilon^2 = \frac{1}{n}(e_0 - \hat{\rho} e_L)'(e_0 - \hat{\rho} e_L) \tag{7.19}$$

Anselin 还提出了基于最大似然法估计空间自回归模型参数的检验方法——拉格朗日乘子。空间自回归模型的拉格朗日乘子的表达式为

$$LM\text{-}Lag = \frac{[e'Wy/(e'e/N)]^2}{(WX\beta)'[I - X(X'X)^{-1}X'](WX\beta)/\sigma^2 + \text{tr}(W^2 + W'W)} \tag{7.20}$$

其统计值服从 $\chi^2(1)$ 分布。

2. 空间误差模型(SEM)

当误差项遵循一个空间自回归过程时,即每个位置上的随机误差为所有其他位置上的随机误差的函数,我们可以利用空间误差模型探讨邻近地区关于因变量的误差对本地区观察值的影响程度。Cliff 等认为误差项之间的空间自回归可能意味着:自变量和因变量之间存在着非线性关系;回归模型中遗漏了一个或多个回归自变量;回归模型应该具有一个自回归结构。空间误差模型的表达式为

$$\begin{cases} y = X\beta + \varepsilon \\ \varepsilon = \lambda W\varepsilon + \mu \end{cases} \quad (7.21)$$

式中,λ 表示自回归参数,W 是空间权重矩阵,假定 μ 为标准正态分布的随机误差向量。这个模型结合了一个标准回归模型和一个误差项 ε 中的空间自回归模型,同时假设误差项 μ 满足条件 $E(\mu) = 0$,$\text{Cov}(\mu) = \sigma^2 I$,即方差固定且误差项是不相关的。由于误差项 ε 的均值为 0,不管 λ 的数值如何,因变量 y 的均值不受空间误差相关的影响。

由上述公式可得 $\varepsilon = (I - \lambda W)^{-1}\mu$,因此

$$(I - \lambda W)y = (I - \lambda W)X\beta + \mu \quad (7.22)$$

即

$$y = \lambda Wy + X\beta - \lambda WX\beta + \mu \quad (7.23)$$

上式表示出一个具有一组附加的空间回归外生变量 WX 和一组 K 个非线性的系数约束的空间回归模型。

对于空间误差模型,Anselin 同样建议采用极大似然法估计空间误差模型(SEM)的参数。

空间误差模型 SEM 的估计过程如下:

(1) 对模型 $y = \beta X + u$ 做 OLS 估计,得到 β 的无偏估计量 $\hat{\beta}$;

(2) 计算 OLS 估计的残差为 $e = y - \hat{\beta}X$;

(3) 由 e 值,通过对数极大似然函数 L_c 得到参数 λ 的估计值 $\hat{\lambda}$;

$$L_c = -\frac{n}{2}[1 + \ln(2\pi)] - \frac{n}{2}\ln\left[e'(I - \lambda W)'(I - \lambda W)\frac{e}{n}\right] + \ln|I - \lambda W| \quad (7.24)$$

(4) 空间误差模型的最大对数似然函数为

$$\ln L = -\frac{N}{2}\ln(2\pi) - \frac{N}{2}\ln\sigma^2 + \ln|I - \lambda W|$$
$$- \frac{1}{2\sigma^2}(Y - X\beta)'(I - \lambda W)'(Y - X\beta)(I - \lambda W) \quad (7.25)$$

由 λ 值和空间误差模型的最大对数似然函数计算其余参数的估计值,即

$$\hat{\sigma}_\varepsilon^2 = \frac{1}{n}(e - \hat{\lambda}We)'(e - \hat{\lambda}We) \quad (7.26)$$

Anselin 还提出了基于最大似然法估计空间误差回归模型参数的检验方法——拉格朗日乘子。空间误差模型的拉格朗日乘子的表达式为

$$LM\text{-}Error = \frac{[e'We/(e'e/N)]^2}{\text{tr}(W^2 + W'W)} \quad (7.27)$$

其统计值服从 $\chi^2(1)$ 分布。

在具体运用空间模型的过程中,究竟是选择空间误差模型还是选择空间回归模型,要在测试、诊断的过程中逐步确定。Anselin 和 Florax 提出了如下的判别准则:首先,运用 OLS 方法对模型进行回归,并进行相应拉格朗日检验,如果空间回归模型和空间误差模型都不显著,则保持 OLS 结果;如果空间回归模型和空间误差模型都显著,则继续运行稳健性检验;如果 *LM-Error* 显著,则运行空间误差模型;如果 *LM-Lag* 显著,则运行空间回归模型。

3. 变系数地理加权回归模型(GWR)

常系数空间回归模型可能忽略了一个问题,即各种数据在不同空间上表现的复杂性和变异性。如果数据在空间上表现平稳,则 OLS 全局分析方法完全适用;而若数据在空间上表现出了不平稳特性,则可能需要采用局部分析技术来应对。在现实经济社会中,空间数据的复杂特点使得经济地理解释变量对被解释变量的影响在不同区域之间多数是不稳态性的,此时利用常系数空间回归模型估计得到的参数可能是有偏的、无效的。因此,在分析此类问题时,假定不同区域之间的经济行为在空间上存在异质性可能更加符合现实。局域空间计量经济学中的地理加权回归空间变系数回归模型(GWR)是解决此类问题的一种有效途径,变系数地理加权回归模型的核心思想是"离经济体近的观察数据比那些离经济体远的观察数据对经济体的参数估计有更多的影响"。

GWR 模型是从全域回归模型扩展而来的,在全域线性回归模型中,我们通常假定有 $i=1,2,\cdots,m$ 和 $j=1,2,\cdots,n$ 的系列解释变量观测值 $\{x_{ij}\}$ 及系列被解释变量 $\{y_i\}$,经典的全域线性回归模型为

$$y_i = \beta_0 + \sum_{j=1}^{n} x_{ij}\beta_j + \varepsilon_i, \quad i = 1,2,\cdots,m \quad (7.28)$$

上述模型中,ε 是整个回归模型的随机误差项,满足球形扰动假设,回归系数 β 被假定是一个常数。模型参数 β_j 的估计一般采用普通最小二乘法(OLS)。

正如上文所言,GWR 模型是对普通线性回归模型的一种扩展。在地理加权回归模型中,特定区位 i 的回归系数不再是假定常数,而是利用邻近观测值的子样本数据信息进行局域回归估计而得的、随着空间上局域地理位置 i 变化的变数。地理加权回归模型可以表示为

$$y_i = \beta_0(u_i,v_i) + \sum_{j=1}^{k} x_{ij}\beta_j(u_i,v_i) + \varepsilon_i \quad (7.29)$$

系数 β_j 的下标 j 表示与观测值联系的 $m \times 1$ 阶待估计参数向量,是关于地理位置 (u_i,v_i) 的 $k+1$ 元函数。地理加权回归模型可以对每个观测值估计出 k 个参数

向量的估计值,ε_i 是第 i 个区域的随机误差,满足零均值、同方差、相互独立等球形扰动假定。实际上,模型可以表示为在每个区域都有一个对应的估计函数,其对数似然函数可以表示为

$$\ln L = -\frac{1}{2\sigma^2} \sum_{i=1}^{n} \left[y_i - \beta_0(u_i, v_i) - \sum_{j=1}^{k} \beta_k(u_i, v_i) x_i \right]^2 + \alpha \quad (7.30)$$

式中,α 为常数,但是由于极大似然法的解不唯一,因此,Tibshirani 和 Hastie 提出了局域求解法,原理与方法如下:

对于第 s 个空间位置 $(u_s, v_s)(s = 1, 2, \cdots, n)$,任取一空间位置 (u_0, v_0) 与其位置相邻,构造一个回归模型

$$y_i = \gamma_0 + \sum_{j=1}^{k} \gamma_j x_{ij} + \varepsilon_i \quad (7.31)$$

式中,每个 γ_j 为常数且为地理加权回归模型中 $\beta_j(u_s, v_s)$ 的近似值,通过点 (u_0, v_0) 来校正经典回归模型中的解。一个基本的方法就是采用加权最小二乘法,寻找合适的 $(\gamma_0, \gamma_1, \cdots, \gamma_k)$,使得下式最小:

$$\sum_{i=1}^{n} W(d_{0i}) \left(y_i - \gamma_0 - \sum_{j=1}^{k} \gamma_j x_{ij} \right)^2 \quad (7.32)$$

式中,d_{0i} 为位置 (u_0, v_0) 和 (u_i, v_i) 之间的空间距离,$W(d_{0i})$ 为空间权值。令 $\hat{\gamma}_j$ 为 $\hat{\beta}_j(u_s, v_s)$ 的估计值,可得地理加权回归模型在空间位置 (u_s, v_s) 上的估计值 $\{\hat{\beta}_0(u_s, v_s), \hat{\beta}_1(u_s, v_s), \cdots, \hat{\beta}_k(u_s, v_s)\}$。对式(7.32)求 γ_j 的一阶偏导数,并令其等于0,可以得到

$$\hat{\gamma}_j = (X' W_0^2 X)^{-1} (X' W_0^2 Y) \quad (7.33)$$

式中,W_0 为 $[W(d_{01}), W(d_{02}), \cdots, W(d_{0n})]$ 的对角线矩阵。可以看出,$\hat{\beta}_j (j = 1, 2, \cdots, k)$ 的地理加权回归模型估计值是随着空间权值矩阵变化而变化的,这也点出了空间权值矩阵 W_{ij} 对于 GWR 模型的重要性,目前,常用的空间权值矩阵有 3 种形式:

(1) 高斯距离权重矩阵

$$W_{ij} = \Phi\left(\frac{d_{ij}}{\sigma\theta}\right) \quad (7.34)$$

(2) 指数距离权重矩阵

$$W_{ij} = \sqrt{\exp\left(-\frac{d_{ij}}{q}\right)} \quad (7.35)$$

(3) 三次方距离权重矩阵

$$W_{ij} = \left[1 - \left(\frac{\theta}{d_{ij}}\right)^3\right]^3 \quad (7.36)$$

同空间权重矩阵的重要性一样,带宽的选择也将对 GWR 模型的参数估计结果有重大的影响。目前学者通常使用最小 CV 方法和最小 AIC 方法来确定带宽。

7.2.3 空间经济计量分析工具的改进

纵览以上的空间计量模型,我们发现目前空间计量模型使用的数据集主要面向截面数据,模型中仅考虑了空间单元之间的相关性,而未顾及具有时空演变特征的时间尺度之间的相关性。虽然学者采用其他方法诸如用多个时期截面数据变量计算多年平均值的方法来消除时间波动的影响,但是这种方法仍会造成大量具有时间演变特征的信息损失,因此无法科学客观地揭示经济现象的时空二维特征。利用以上的空间经济计量分析工具,结合面板数据计量经济学的理论方法,我们可以构建一个综合考虑变量时空二维特征和信息的空间面板数据计量经济模型,这是一个比较新颖的研究思路和研究方法。本书主要介绍基于固定效应模型的空间回归面板计量模型和空间误差面板计量模型。

1. 空间回归面板计量模型

考虑一个带固定效应的空间自回归模型

$$Y_t = \rho W Y_t + X_t \beta + \mu + \varepsilon_t, \quad t=1,2,\cdots,T; \varepsilon_t \sim N(0,\sigma^2 I_n) \quad (7.37)$$

式中,$Y_t = (y_{1t}, y_{2t}, \cdots, y_{Nt})'$,它表示第 t 个时间点的 N 个横截面数据的被解释变量;$X_t = (x_{1t}, x_{2t}, \cdots, x_{Nt})'$,它表示第 t 个时间点的 N 个横截面数据的解释变量;$\mu = (\mu_1, \mu_2, \cdots, \mu_N)'$,它表示回归方程中的个体效应;$\varepsilon_t = (\varepsilon_{1t}, \varepsilon_{2t}, \cdots, \varepsilon_{Nt})'$,它是服从正态分布的随机误差项;$W$ 为空间权重矩阵;β 为解释变量 X_t 的回归系数;ρ 为反映空间影响程度的参数,它代表邻近地区间因变量 y 之间的影响程度。

式(7.37)可转换为

$$(I - \rho W) Y_t = X_t \beta + \mu + \varepsilon_t, \quad t=1,2,\cdots,T \quad (7.38)$$

将这 T 个式子取平均后可得

$$(I - \rho W) \frac{1}{T} \sum_{t=1}^{T} Y_t = \frac{1}{T} \sum_{t=1}^{T} X_t \beta + \frac{1}{T} \sum_{t=1}^{T} \mu + \frac{1}{T} \sum_{t=1}^{T} \varepsilon_t \quad (7.39)$$

令

$$\bar{Y} = \frac{1}{T} \sum_{t=1}^{T} Y_t, \quad \bar{X} = \frac{1}{T} \sum_{t=1}^{T} X_t, \quad \bar{\varepsilon} = \frac{1}{T} \sum_{t=1}^{T} \varepsilon_t$$

由公式(7.38)和(7.39)得

$$(I - \rho W)(Y_t - \bar{Y}) = (X_t - \bar{X})\beta + (\varepsilon_t - \bar{\varepsilon}) \quad (7.40)$$

因为 $\varepsilon_t \sim N(0, \sigma^2 I_n)$,即 $E(\varepsilon_t) = 0, \text{Var}(\varepsilon_t) = \sigma^2 I_n$,所以 $\bar{\varepsilon} = \frac{1}{T} \sum_{t=1}^{T} \varepsilon_t$ 也服从正态分布,即 $E(\bar{\varepsilon}) = 0, \text{Var}(\bar{\varepsilon}) = \sigma^2 I_n$。所以

$$E(\varepsilon_t - \bar{\varepsilon}) = E(\varepsilon_t) - E(\bar{\varepsilon}) = 0$$

$$\mathrm{Var}(\varepsilon_t - \bar{\varepsilon})$$

$$= \mathrm{Var}\left(\varepsilon_t - \frac{1}{T}\sum_{t=1}^{T}\varepsilon_t\right) = E\left[\left(\varepsilon_t - \frac{1}{T}\sum_{t=1}^{T}\varepsilon_t\right)'\left(\varepsilon_t - \frac{1}{T}\sum_{t=1}^{T}\varepsilon_t\right)\right]$$

$$= E\left[\begin{pmatrix}\varepsilon_{t1} - \frac{1}{T}\sum_{t=1}^{T}\varepsilon_{t1} \\ \varepsilon_{t2} - \frac{1}{T}\sum_{t=1}^{T}\varepsilon_{t2} \\ \vdots \\ \varepsilon_{tN} - \frac{1}{T}\sum_{t=1}^{T}\varepsilon_{tN}\end{pmatrix}\left(\varepsilon_{t1} - \frac{1}{T}\sum_{t=1}^{T}\varepsilon_{t1}, \varepsilon_{t2} - \frac{1}{T}\sum_{t=1}^{T}\varepsilon_{t2}, \cdots, \varepsilon_{tN} - \frac{1}{T}\sum_{t=1}^{T}\varepsilon_{tN}\right)\right]$$

$$= \begin{pmatrix} E(\varepsilon_{t1} - \sum_{t=1}^{T}\varepsilon_{t1})^2 & 0 & \cdots & 0 \\ 0 & E(\varepsilon_{t2} - \sum_{t=1}^{T}\varepsilon_{t2})^2 & \cdots & 0 \\ \vdots & \vdots & & \vdots \\ 0 & 0 & \cdots & E(\varepsilon_{tN} - \sum_{t=1}^{T}\varepsilon_{tN})^2 \end{pmatrix}$$

$$E(\varepsilon_{t1} - \sum_{t=1}^{T}\varepsilon_{t1})^2 = E(\varepsilon_{t1}\varepsilon_{t1}) - E\left[\varepsilon_{t1}\left(\frac{1}{T}\sum_{t=1}^{T}\varepsilon_{t1}\right)\right] - E\left[\left(\frac{1}{T}\sum_{t=1}^{T}\varepsilon_{t1}\right)\varepsilon_{t1}\right]$$

$$+ E\left[\left(\frac{1}{T}\sum_{t=1}^{T}\varepsilon_{t1}\right)\left(\frac{1}{T}\sum_{t=1}^{T}\varepsilon_{t1}\right)\right]$$

$$= \sigma^2 - \frac{1}{T}\sigma^2 - \frac{1}{T}\sigma^2 + \frac{1}{T^2}\sum_{t=1}^{T}\sigma^2$$

$$= \frac{T-1}{T}\sigma^2$$

同理

$$E\left(\varepsilon_{ti} - \frac{1}{T}\sum_{t=1}^{T}\varepsilon_{ti}\right)^2 = \frac{T-1}{T}\sigma^2, \quad i = 1, 2, \cdots, N$$

则

$$\mathrm{Var}(\varepsilon_t - \bar{\varepsilon}) = \frac{T-1}{T}\sigma^2 I_N$$

若令

$$\tilde{\sigma}^2 = \frac{T-1}{T}\sigma^2$$

则

$$\mathrm{Var}(\varepsilon_t - \bar{\varepsilon}) = \tilde{\sigma}^2 I_N$$

即
$$(\varepsilon_t - \bar{\varepsilon}) \sim N(0, \tilde{\sigma}^2 I_N)$$

结合式(7.38),若令
$$\widetilde{Y}_t = Y_t - \bar{Y}, \quad \widetilde{X}_t = X_t - \bar{X}$$

则
$$\widetilde{Y}_t = (I - \rho W)^{-1} \widetilde{X}_t \beta + (I - \rho W)^{-1} (\varepsilon_t - \bar{\varepsilon})$$

可以求出 $\widetilde{Y}_t$ 的分布状况:
$$\widetilde{Y}_t \sim N[(I - \rho W)^{-1} \widetilde{X}_t \beta, \tilde{\sigma}^2 (I - \rho W)^{-1} (I - \rho W)^{-1}]$$

再计算单个 $\widetilde{Y}_t$ 的似然函数:
$$L(\widetilde{Y}_t \mid \rho, \beta, \tilde{\sigma}^2) = \frac{1}{(2\pi)^{N/2} |\Sigma|^{1/2}} \exp\left\{ -\frac{1}{2} [\widetilde{Y}_t - (I - \rho W)^{-1} \widetilde{X}_t \beta]' \right.$$
$$\left. \cdot \Sigma^{-1} [\widetilde{Y}_t - (I - \rho W)^{-1} \widetilde{X}_t \beta] \right\} \tag{7.41}$$

$$\Sigma = \tilde{\sigma}^2 (I - \rho W)^{-1} (I - \rho W)^{-1}$$

由于 $|\Sigma|^{1/2} = (\tilde{\sigma}^2)^{N/2} |(I - \rho W)^{-1}|$,则

$$\exp\left\{ -\frac{1}{2} [\widetilde{Y}_t - (I - \rho W)^{-1} \widetilde{X}_t \beta]' \Sigma^{-1} [\widetilde{Y}_t - (I - \rho W)^{-1} \widetilde{X}_t \beta] \right\}$$
$$= \exp\left\{ -\frac{1}{2} [\widetilde{Y}_t - (I - \rho W)^{-1} \widetilde{X}_t \beta]' \right.$$
$$\left. \frac{(I - \rho W)(I - \rho W)}{\tilde{\sigma}^2} [\widetilde{Y}_t - (I - \rho W)^{-1} \widetilde{X}_t \beta] \right\}$$
$$= \exp\left\{ -\frac{1}{2\tilde{\sigma}^2} [(I - \rho W) \widetilde{Y}_t - \widetilde{X}_t \beta]' [(I - \rho W) \widetilde{Y}_t - \widetilde{X}_t \beta] \right\}$$

因此在 $\widetilde{Y}_t$ 间相互独立的条件下,$\widetilde{Y}_t$ 联合分布的似然函数为

$$L(\widetilde{Y}_1, \widetilde{Y}_2, \cdots, \widetilde{Y}_T \mid \rho, \beta, \tilde{\sigma}^2)$$
$$= \left[\frac{1}{(2\pi)^{N/2} |\Sigma|^{1/2}} \right]^T$$
$$\cdot \exp\left\{ -\frac{1}{2\tilde{\sigma}^2} \sum_{t=1}^{T} [(I - \rho W) \widetilde{Y}_t - \widetilde{X}_t \beta]' [(I - \rho W) \widetilde{Y}_t - \widetilde{X}_t \beta] \right\}$$

取对数后的似然函数为

$$\ln L = -\frac{NT}{2} \ln(2\pi \tilde{\sigma}^2) + T \ln |I - \rho W|$$
$$- \frac{1}{2\tilde{\sigma}^2} \sum_{t=1}^{T} [(I - \rho W) \widetilde{Y}_t - \widetilde{X}_t \beta]' [(I - \rho W) \widetilde{Y}_t - \widetilde{X}_t \beta] \tag{7.42}$$

若假定上式中只有 $\tilde{\sigma}^2$ 为未知参数,则可得到极大化条件

$$\hat{\tilde{\sigma}}^2 = \frac{1}{NT} \sum_{t=1}^{T} [(I - \rho W) \widetilde{Y}_t - \widetilde{X}_t \beta]' [(I - \rho W) \widetilde{Y}_t - \widetilde{X}_t \beta] \tag{7.43}$$

于是便可以采用重复迭代法求出最优参数。

2. 空间误差面板计量模型

再次考虑一个带固定效应的空间误差模型

$$\begin{cases} Y_t = X_t\beta + \mu + \varphi_t \\ \varphi_t = \lambda W\varphi_t + \varepsilon_t \end{cases}, \quad t = 1,2,\cdots,T; \varepsilon_t \sim N(0,\sigma^2 I_n) \quad (7.44)$$

式中,$Y_t = (y_{1t}, y_{2t}, \cdots, y_{Nt})'$,它表示第 t 个时间点的 N 个横截面数据的被解释变量;$X_t = (x_{1t}, x_{2t}, \cdots, x_{Nt})'$,它表示第 t 个时间点的 N 个横截面数据的解释变量;$\mu = (\mu_1, \mu_2, \cdots, \mu_N)'$,它表示回归方程中的个体效应;$\varphi_t$ 和 ε_t 为随机误差项,$\varepsilon_t = (\varepsilon_{1t}, \varepsilon_{2t}, \cdots, \varepsilon_{Nt})'$,它是服从正态分布的随机误差项;$W$ 为空间权重矩阵;β 为关于解释变量 X_t 的回归系数;λ 为反映空间误差影响程度的参数。

式(7.44)可转换为

$$Y_t = X_t\beta + \mu + (I - \rho W)^{-1}\varepsilon_t, \quad t = 1,2,\cdots,T \quad (7.45)$$

将这 T 个式子取平均后可得

$$\frac{1}{T}\sum_{t=1}^{T} Y_t = \frac{1}{T}\sum_{t=1}^{T} X_t\beta + \frac{1}{T}\sum_{t=1}^{T} \mu + \frac{1}{T}(I - \rho W)^{-1}\sum_{t=1}^{T} \varepsilon_t \quad (7.46)$$

令

$$\bar{Y} = \frac{1}{T}\sum_{t=1}^{T} Y_t, \quad \bar{X} = \frac{1}{T}\sum_{t=1}^{T} X_t, \quad \bar{\varepsilon} = \frac{1}{T}\sum_{t=1}^{T} \varepsilon_t$$

由式(7.44)和式(7.45)得

$$(Y_t - \bar{Y}) = (X_t - \bar{X})\beta + (I - \rho W)(\varepsilon_t - \bar{\varepsilon}) \quad (7.47)$$

由于$(\varepsilon_t - \bar{\varepsilon}) \sim N(0, \tilde{\sigma}^2 I_n)$,结合式(7.45),若令

$$\widetilde{Y}_t = Y_t - \bar{Y}, \quad \widetilde{X}_t = X_t - \bar{X}$$

则

$$\widetilde{Y}_t = \widetilde{X}_t\beta + (I - \rho W)^{-1}(\varepsilon_t - \bar{\varepsilon})$$

可以求出 $\widetilde{Y}_t$ 的分布状况:

$$\widetilde{Y}_t \sim N[\widetilde{X}_t\beta, \tilde{\sigma}^2 (I - \rho W)^{-1}(I - \rho W)^{-1}]$$

再计算单个 $\widetilde{Y}_t$ 的似然函数:

$$\begin{aligned} & L(\widetilde{Y}_t \mid \rho, \beta, \tilde{\sigma}^2) \\ & = \frac{1}{(2\pi)^{N/2} |\Sigma|^{1/2}} \exp\left[-\frac{1}{2}(\widetilde{Y}_t - \widetilde{X}_t\beta)' \Sigma^{-1} (\widetilde{Y}_t - \widetilde{X}_t\beta)\right] \end{aligned} \quad (7.48)$$

$$\Sigma = \tilde{\sigma}^2 (I - \rho W)^{-1}(I - \rho W)^{-1}$$

由于$|\Sigma|^{1/2} = (\tilde{\sigma}^2)^{N/2}|(I - \rho W)^{-1}|$,则

$$\exp\left[-\frac{1}{2}(\widetilde{Y}_t - \widetilde{X}_t\beta)' \Sigma^{-1} (\widetilde{Y}_t - \widetilde{X}_t\beta)\right]$$

$$= \exp\left[-\frac{1}{2}(\widetilde{Y}_t - \widetilde{X}_t\beta)' \frac{(I - \rho W)(I - \rho W)}{\tilde{\sigma}^2} (\widetilde{Y}_t - \widetilde{X}_t\beta)\right]$$

$$= \exp\left\{-\frac{1}{2\tilde{\sigma}^2}[(I-\rho W)(\tilde{Y}_t - \tilde{X}_t\beta)]'[(I-\rho W)(\tilde{Y}_t - \tilde{X}_t\beta)]\right\}$$

所以在 $\tilde{Y}_t$ 间相互独立的条件下，关于 $\tilde{Y}_t$ 联合分布的似然函数为

$$L(\tilde{Y}_1, \tilde{Y}_2, \cdots, \tilde{Y}_T \mid \rho, \beta, \tilde{\sigma}^2)$$

$$= \left[\frac{1}{(2\pi)^{N/2}|\Sigma|^{1/2}}\right]^T$$

$$\cdot \exp\left\{-\frac{1}{2\tilde{\sigma}^2}\sum_{t=1}^{T}[(I-\rho W)\tilde{Y}_t - \tilde{X}_t\beta]'[(I-\rho W)\tilde{Y}_t - \tilde{X}_t\beta]\right\}$$

取对数后的似然函数为

$$\ln(L) = -\frac{NT}{2}\ln(2\pi\tilde{\sigma}^2) + T\ln|I - \rho W|$$

$$-\frac{1}{2\tilde{\sigma}^2}\sum_{t=1}^{T}[(I-\rho W)\tilde{Y}_t - \tilde{X}_t\beta]'[(I-\rho W)\tilde{Y}_t - \tilde{X}_t\beta] \quad (7.49)$$

若假定上式中只有 $\tilde{\sigma}^2$ 为未知参数，可得到极大化条件

$$\hat{\tilde{\sigma}}^2 = \frac{1}{NT}\sum_{t=1}^{T}[(I-\rho W)\tilde{Y}_t - \tilde{X}_t\beta]'[(I-\rho W)\tilde{Y}_t - \tilde{X}_t\beta]$$

于是便可以采用重复迭代法求出最优参数。

7.3 我国省域经济空间聚集特征——基于空间统计学

本节将运用空间统计学的方法，对我国省域经济空间聚集特征进行分析，内容主要有两个方面：第一是从宏观的角度对区域经济的典型事实进行地理空间格局的分位图描述；第二是利用全局空间自相关 I 指数及局域空间自相关 I 指数检验我国 31 个省域经济在空间上是否存在自相关及集群现象。

7.3.1 我国省域经济的空间分布描述

利用四分位法，我们可以绘制出省域人均 GDP 的空间分布。根据我国省域经济在 1988 年的状况，可以发现，1988 年沿海地区经济一枝独秀，经济发展的第一集团集中于东部沿海各省市和东北三省，新疆、青海、河北、内蒙古、山东、湖北、福建处于经济发展第二集团，而其他省份的经济发展则相对滞后；根据我国省域经济在 2007 年的状况可以发现，2007 年沿海地区经济继续保持着经济排头兵的角色，福建跟随着"沿海潮"跃进第一集团，而东北三省的风光已不在，除了辽宁依然坚守在第一集团外，黑龙江和吉林都已经退入第二集团，经济发展第二集团发生了一些

小范围的调整,西部大省青海退出第二集团,而中部大省河南、山西则挤进第二集团。1988~2007年我国经济水平以沿海地区为龙头,中部省份在这20年间也渐渐开始加速经济发展,众多省域争先恐后,努力赶超先进,中部崛起已蓄势待发,但就同期而言,西部大开发的脚步则稍显滞后。

7.3.2 我国省域经济的空间相关性检验

本节将通过空间自相关的显著性检验来识别经济在空间上是否存在显著的集群特征。在对我国省域经济水平的空间自相关进行研究时,首要任务便是选择一个恰当的权重矩阵 W,因为不同空间权值矩阵 W 计算得到的 I 值不尽相同,由于我们研究的经济问题与距离的长短关系密切,因此本书选择衰减距离法作为权重计算方法。全域空间自相关 I 指数的统计量显著性可在随机性假设下计算,表7.1 和图 7.1 显示了 1988~2007 年我国 31 个省域经济增长活动的全域空间自相关 I 指数计算结果。结果表明大部分年份区域经济活动的 I 统计量在小于 5% 的显著性水平下都能通过检验,这也为区域之间存在空间自相关关系提供了有力的证据,从而证明区域在经济发展上存在着明显集群趋向。

表7.1 我国 31 个省域经济发展的全域 I 统计值

年份	I	Z	P
1988	0.1636	2.35	0.018953
1989	0.1649	2.28	0.022493
1990	0.1565	2.10	0.035826
1991	0.1388	1.87	0.061770
1992	0.1394	1.87	0.061477
1993	0.1578	2.14	0.032135
1994	0.1869	2.42	0.015534
1995	0.2079	2.71	0.006686
1996	0.2165	2.91	0.003576
1997	0.2163	2.93	0.003413
1998	0.2142	2.91	0.003584
1999	0.2115	2.91	0.003658
2000	0.2423	3.18	0.001453
2001	0.2296	3.05	0.002290
2002	0.1947	2.63	0.008557
2003	0.2087	2.78	0.005470

续表

年份	I	Z	P
2004	0.2199	2.95	0.003221
2005	0.2536	3.29	0.000985
2006	0.2709	3.43	0.000610
2007	0.2811	3.50	0.000472

注:1.采用 Inverse Distance 空间权重矩阵;2.采用 ArcGIS 软件分析。

表 7.1 罗列出了我国 31 个省域经济发展在 1988~2007 年间的全域 I 统计值、Z 值及伴随概率 P 值。全域 I 统计值虽然在有些年份有短暂的下降,但是基本上维持着一个上升的趋势,全域 I 统计值从 1988 年的 0.1636 增长到 2007 年的 0.2811。在这 20 年间,绝大部分年份的正态统计量 Z 值都大于正态分布函数在 0.05 水平下的值(伴随概率小于 0.05),尤其近几年,正态统计量 Z 值都大于正态分布函数在 0.01 水平下的值(伴随概率小于 0.01),这些都为省域之间的相关关系提供了充分证据,这也预示着省域经济水平在空间上并不是随机分布的,而是遵循着特定的规律,主要表现为区域经济水平的空间聚集。

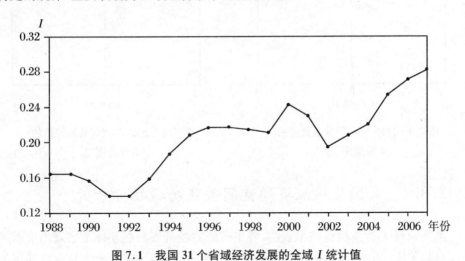

图 7.1 我国 31 个省域经济发展的全域 I 统计值

图 7.1 是 1988~2007 年我国 31 个省域经济水平的全域 I 统计值时序分布图,从中我们可以发现,我国 31 个省域经济水平在这 20 年间均为正值,这意味着我国省域经济之间存在着正的相关关系。换句话说,区域经济水平较高的省域倾向于与其他区域经济水平较高的省域形成聚集趋势,当然区域经济水平较低的省域之间也会相互影响,从全域 I 统计值分布图还可以看出空间正相关有增强态势。

图 7.2 和图 7.3 列出了我国各省域经济在 1988 年和 2007 年的 I 散点分布状况。在 I 散点图中,第一象限为高值聚集 High-High 区域,第三象限为低值聚集 Low-Low 区域,第二象限和第四象限为 High-Low 区域和 Low-High 区域。

High-High 聚集和 Low-Low 聚集为典型的正向局域相关和聚集,又被称为正向空间关联区域,High-Low 和 Low-High 空间聚集为负向局域空间自相关,又被称为不稳定型或非典型区域。对比图 7.2 和图 7.3,1988 年我国共有 23 个省域显示了相似值的正向关联,其中有 7 个省域散点落于高值聚集 High-High 区域,2007 年我国共有 24 个省域呈现出正向相关关系,其中有 9 个省域散点落于高值聚集 High-High 区域。这几个数据说明这 20 年间我国省域经济协作能力持续增强、省域经济关系愈发紧密,这主要体现在省域经济增长的相互促进上,因此区域经济水平高值聚集的现象才会明显增多。图 7.2 和图 7.3 还为我们识别空间非典型区域提供了途径,1988 年全国共有 8 个非典型省域,2007 年全国共有 7 个省域显示出了非相似值的空间关联。

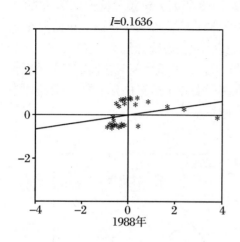

图 7.2　1988 年我国省域经济的 I 散点图

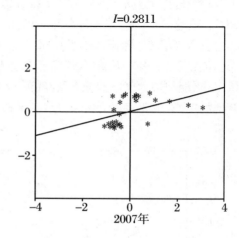

图 7.3　2007 年我国省域经济的 I 散点图

7.3.3　我国省域经济的空间关联局域指标分析

虽然全域 I 指数检验结果表明,各个省域的经济发展在整体上表现出显著的空间自相关性。但该统计量无法揭示省域之间的空间聚集性,无法显示出局域的自相关特征,我们有必要通过进一步测算局域空间自相关 LISA 显著性水平和局域 I 统计值以深入探索空间的关联特征。

结合图 7.2,我们可以分析出:1988 年区域经济不但存在着明显的空间差异性和显著的全域相关性,各个不同的省份还存在着不同的聚集模式,这进一步明确了全域空间相关性检验结果,1988 年,江苏、浙江、吉林、天津和北京等省域的经济行为表现为 High-High 聚集,内蒙古、河北、安徽等省域的经济行为表现为 Low-High 聚集,广东、海南等省域的经济行为表现为 High-Low 聚集。同理,据图 7.3,2007 年,辽宁和内蒙古、浙江和上海等省域的经济行为表现为 High-High 聚集,而河北、安徽等省域的经济行为仍然表现为 Low-High 聚集,广东、海南等省域的经济行为表现为 High-Low 聚集。

显著的 LISA 水平表明该省域单位人均 GDP 水平或正或负地与相邻地区的经济发展水平有关,而非随机出现,因此从空间邻接的位置关系出发,应用 LISA 技术探测到的这些显著的 High 局部聚集区域,从一定程度上可认为代表着全国的核心发展区域,而显著的局部 Low 空间聚集区域则与全国贫困省域相联系,LISA 提供了一个空间相互作用的解释模式。由表 7.1 可知,1988 年,全域空间自相关指数为 0.1636,而 Low-Low 聚集类型占据了显著性较高区域的"半壁江山",在空间自相关 LISA 显著性水平图上形成连片分布的格局,这也意味着经济欠发达省域与其周围同样经济欠发达的省域在空间上的聚集效应,由于沿海地理位置缘由,广东和海南形成了 High-Low 聚集,且在 0.05 水平上显著,这代表了负的空间联系,吉林、天津和北京表现出的 High-High 聚集也通过了 0.05 水平下的显著性检验。由表 7.1 可知,2007 年,全域空间自相关指数为 0.2811,High-High 聚集类型开始"霸占"显著性较高的大部分区域,在空间自相关 LISA 显著性水平图上形成连片分布的格局,这意味着经济发达省域与其周围同样经济发达的省域在空间上的聚集效应,广东和海南仍保持 High-Low 聚集,且在 0.05 水平上显著,河北和安徽与邻近发达省域形成的 Low-High 聚集在 0.05 水平上也保持显著。

7.4 我国省域经济空间收敛性分析——基于空间计量经济学

7.4.1 区域空间 β 收敛检验模型

前文已经给出了传统计量经济中区域协调发展的界定,依照 Sala-I-Martin 中对趋同的定义,β 趋同意味着经济体存在向自身稳定状态趋同的现象。β 趋同模型的公式为

$$\frac{\ln y_{i,t+T} - \ln y_{i,t}}{T} = \alpha + \beta \ln y_{i,t} + \varepsilon_i \tag{7.50}$$

式中,$\beta = -\frac{1-e^{-\beta T}}{T}$。公式左边为经济体 i 在 $t \sim t+T$ 的平均增长速度。若右边的估计系数 β 为负且统计意义上显著,则说明经济体 i 在 $t \sim t+T$ 时的平均增长率与 t 时的经济体 i 的经济水平呈现负相关关系,经济体则存在趋同;当然,若系数 β 为正或统计上不显著,则表明经济体之间不存在 β 趋同。

上文模型暗含的假设条件是区域之间不存在相互空间影响,而对于我国这么大的一个经济体的增长而言,这个暗含的假设条件是"致命"的,我们显然需要关注

空间相关性对于区域经济协调发展的影响(本章第3节已经说明了我国31个省份区域之间存在着显著的空间相关性)。因此,本书在式(7.48)基础上,将空间要素纳入其中来研究区域经济的收敛状况。结合上文提到的带有固定效应的空间面板模型,模型可被扩展为带有固定效应的空间自回归面板模型和空间误差面板模型。

空间自回归面板模型可以表示为

$$\ln \frac{y_{i,t+T}}{y_{i,t}} = \alpha_i + \rho \sum_{j=1}^{n} w_{i,j} \ln \frac{y_{i,t+T}}{y_{i,t}} + \beta \ln y_{i,t} + \varepsilon_{i,t} \quad (7.51)$$

式中,$w_{i,j}$ 是空间权重矩阵,ρ 是空间自相关系数,$\varepsilon_{i,t}$ 是独立分布的零均值误差项。所有的空间相关效应由空间滞后项 $\rho \sum_{j=1}^{n} w_{i,j} \ln \frac{y_{i,t+T}}{y_{i,t}}$ 解释。

空间误差面板模型可以表示为

$$\begin{cases} \ln \frac{y_{i,t+T}}{y_{i,t}} = \alpha_i + \beta \ln y_{i,t} + \varepsilon_{i,t} \\ \varepsilon_{i,t} = \delta \sum_{j=1}^{n} w_{i,j} \varepsilon_{i,t} + \eta_i \end{cases} \quad (7.52)$$

7.4.2 区域空间收敛实证检验结果

在进行实证分析之前,我们需要检验样本数据的空间依赖性,并依据上文所述的判别准则确定采用的模型:如果 LM-Lag 显著而 LM-Error 不显著则用空间自回归模型;如果 LM-Error 显著而 LM-Lag 不显著,则用空间误差模型;如果 LM-Lag 和 LM-Error 均在统计上没有显著性,则将由 R-LMLAG 和 R-LMERR 的显著性进行下一步判断。据表7.2中的数据,比较 LM-Lag 和 LM-Error 数值,我们发现 LM-Lag 值显著,稳健性检验表明其通过了5%水平下的显著性检验,而 LM-Error 值并不显著,这表明空间自回归模型(SLM)在此主题下将更有效,即我国区域经济增长之间的相互影响关系表现为空间自相关。我们选择 SLM 模型作为分析判断的基础。

表7.2 区域空间收敛 LM 检验结果

空间依赖性检验	t	P
LM-Lag	2.523821	0.031721
LM-Error	0.357623	0.712369

应用空间自回归面板模型估计出的结果如表7.3所示。由结果可知,我国区域经济发展在1988～1992年间,$\beta = -0.358657$,系数值为负表示区域经济存在收敛情况,且 $P = 0.000000$,P 值异常显著,因此,我们认为在1988～1992年间我国区域经济在空间上存在的收敛状况可以被接受。在1993～1998年间,$\beta = -0.283142$,系

数值为负表示区域经济收敛，P 值同样异常显著，β 值为 -0.008619，虽然负的系数值表明区域经济可能在此区间存在收敛态势，但是不显著的 P 值让我们无法接受区域收敛的存在。

表 7.3 空间自回归面板模型估计结果

样本区间		1988～1992 年	1993～1998 年	1999～2007 年
$\ln y_{i,t}$	β	-0.358657	-0.283142	-0.008619
	t	-5.758229	-8.962752	-0.244640
	P	0.000000	0.000000	0.806735
空间自回归相关系数	ρ	0.009994	0.239972	0.132991
	t	0.090293	2.996751	1.709410
	P	0.928054	0.002729	0.087375
$Likelihood$		220.073950	341.681920	481.760870
R^2		0.349900	0.719100	0.147100
$\bar{R}^2$		0.121400	0.660400	0.036200
σ		0.001700	0.001500	0.001800

7.5 我国省域经济影响因素分析——基于空间计量经济学

7.5.1 理论假设、模型构建和方法选择

本节主要依据新经济增长学派的思想和理论框架，同时吸收新古典经济增长学派和新经济地理学派的核心思想来考察各影响要素和省域经济之间的作用关系。

新经济增长理论打破新古典经济增长学派理论的框架，认为影响经济增长的因素不仅取决于资本的数量和劳动力的数量，更决定于劳动力的质量和技术进步，劳动力的质量表现为人力资本的提升，而技术进步则决定于诸多影响因素。在一个封闭的经济系统中，技术进步可能源于国内的物质资本积累贡献和人力资本积累贡献，在一个开放的经济系统中，技术还可能源于外部投资和贸易对技术增长能力，即技术进步贡献的影响，一般来说，外部投资越多，带来的技术就越多。当然，技术进步还有另外一些重要来源，诸如经济体制的转变、市场规模的扩大和经济政

策的落实等。据新经济增长理论的分析,本书提出以下几个假设以供检验:

假设1:资本数量将对经济增长产生有利影响;

假设2:人力资本的提高将有助于经济增长;

假设3:贸易的增多将对经济增长起到促进作用;

假设4:市场规模扩大将对经济增长起到正作用;

假设5:省域经济城市化程度和经济水平之间呈现正相关关系;

假设6:省域之间空间联系越紧密,经济发展动力越强劲。

如同第2章所述,新经济地理学理论在考虑了空间因素之后,补充和完善了新经济增长理论的相关分析。新经济地理学理论认为,除了以上因素之外,经济增长中生产要素的流动性可以促进经济增长。据此,本书认为区域经济的增长还与相关流动性指标和区位指标密切相关,因此本书将城市化程度和空间联系程度这两个变量纳入影响因素之中。

为了验证新经济增长理论和新经济地理理论的假设,本节将依据新经济增长学派的思想和理论框架,在经验分析的基础上,采用柯布-道格拉斯生产函数,构建我国省域经济增长多元回归方程,即

$$\ln GDP_t = \beta_0 + \beta_1 \ln RZB_t + \beta_2 \ln RLB_t + \beta_3 \ln WZB_t \\ + \beta_4 \ln QYM_t + \beta_5 \ln CJC_t + \beta_6 \ln SCG_t + \beta_7 \ln KJL_t \\ + \beta_8 \ln CZZ_t + \varepsilon_t \tag{7.53}$$

式中,$\ln GDP$ 代表 1988~2007 年间人均 GDP 的年均增长率,为被解释变量;方程右边的各个解释变量分别代表人口资本(RZB)、人力资本(RLB)、物质资本(WZB)、外部直接投资(WZT)、区域贸易(QYM)、城市化进程(CJC)、市场规模(SCG)、空间联系(KJL)、财政支出(CZZ)。

此模型的一个显著缺陷是没有考虑到省域经济增长的空间联系,由于省域之间的经济增长会相互影响,省域经济增长可能具有地区溢出效应,因此省域经济不仅取决于本地区的相关影响因素,还会受到周边其他区域相关要素的影响,有必要纳入空间效应定量来研究省域经济增长,此时模型将扩展为空间自回归数据模型和空间误差数据模型。空间自回归数据模型为

$$\ln GDP_t = \beta_0 + \rho W \ln GDP_t + \beta_1 \ln RZB_t + \beta_2 \ln RLB_t \\ + \beta_3 \ln WZB_t + \beta_4 \ln QYM_t + \beta_5 \ln CJC_t + \beta_6 \ln SCG_t \\ + \beta_7 \ln KJL_t + \beta_8 \ln CZZ_t + \varepsilon_t, \\ t = 1, 2, \cdots, T; \varepsilon_t \sim N(0, \sigma^2 I_n) \tag{7.54}$$

式中,参数 ρ 度量了地理上的邻近地区的区域经济外部溢出效应,W 为空间权重矩阵,其作用是给 i 的邻近区域进行权重赋值,反映空间距离对区域经济行为的作用。

空间误差数据模型为

$$\ln GDP_t = \beta_0 + \beta_1 \ln RZB_t + \beta_2 \ln RLB_t + \beta_3 \ln WZB_t + \beta_4 \ln WZT_t$$

$$+ \beta_5 \ln QYM_t + \beta_6 \ln CJC_t + \beta_7 \ln SCG_t + \beta_8 \ln KJL_t + \beta_9 \ln CZZ_t$$
$$+ \beta_{10} \ln GDP_{t-1} + \varepsilon_t,$$
$$\varepsilon_t = \lambda W \varepsilon_t + \mu_t; t = 1,2,\cdots,T; \mu_t \sim N(0,\sigma^2 I_n) \quad (7.55)$$

式中,参数 λ 衡量了样本观察值的误差项对省域经济发展的空间误差溢出效应。

因为以上两种模型仅考虑到截面数据,所以以上两种模型均可以依据空间面板数据分析方法将其扩展为空间面板模型,本书给出带有固定效应的空间自回归模型形式和带有固定效应的空间误差模型形式。其中,带有固定效应的空间自回归模型形式为

$$\ln GDP_{i,t} = \beta_0 + \rho W \ln GDP_{i,t} + \beta_1 \ln RZB_{i,t} + \beta_2 \ln RLB_{i,t}$$
$$+ \beta_3 \ln WZB_{i,t} + \beta_4 \ln QYM_{i,t} + \beta_5 \ln CJC_{i,t} + \beta_6 \ln SCG_{i,t}$$
$$+ \beta_7 \ln KJL_{i,t} + \beta_8 \ln CZZ_{i,t} + \varepsilon_{i,t},$$
$$i = 1,\cdots,N; t = 1,2,\cdots,T; \varepsilon_{i,t} \sim N(0,\sigma^2 I_n) \quad (7.56)$$

带有固定效应的空间误差模型形式为

$$\ln GDP_{i,t} = \beta_0 + \beta_1 \ln RZB_{i,t} + \beta_2 \ln RLB_{i,t} + \beta_3 \ln WZB_{i,t} + \beta_4 \ln WZT_{i,t}$$
$$+ \beta_5 \ln QYM_{i,t} + \beta_6 \ln CJC_{i,t} + \beta_7 \ln SCG_{i,t} + \beta_8 \ln KJL_{i,t}$$
$$+ \beta_9 \ln CZZ_{i,t} + \beta_{10} \ln GDP_{i,t-1} + \varepsilon_{i,t}$$
$$\varepsilon_{i,t} = \lambda W \varepsilon_{i,t} + \mu_{i,t}; i = 1,\cdots,N, t = 1,2,\cdots,T;$$
$$\mu_{i,t} \sim N(0,\sigma^2 I_n) \quad (7.57)$$

7.5.2 变量选择及数据分析

本书实证研究的样本数据来源于 1988~2007 年的《中国统计年鉴》和各省份统计年鉴。由于其他指标大多以人民币计量,而大部分省份外商直接投资指标以美元计量,因此本书用各年的年均人民币兑美元的汇率进行折算。

1. 因变量指标

本章节的研究主题是区域经济增长,因此因变量应选取一个能反映主题的指标,反映经济增长的指标通常有国内生产总值(GDP)、国民生产总值(GNP)和人均国内生产总值、人均国民生产总值等。通常来说,GDP 和 GNP 可以相互借用,但 GDP 和 GNP 值受到省域规模大小的直接影响,而人均 GDP 作为一个相对指标,能够概括省域经济水平状况,因此,本书选择人均 GDP 指标进行研究,用人均 GDP 指标的对数值表示人均 GDP 的增速。

2. 自变量指标

(1) 人口资本指标

人口资本通常用劳动力指标进行测度,劳动力作为一种传统的经济增长要素,理应以劳动时间衡量,但由于中国地区劳动时间的数据无法获得,因而通常以劳动力人数替代。本书选取了各省域从业人员年底数作为替代指标,在劳动力不足的

情况下,人口资本和经济增长之间应存在着正相关关系,但由于中国经济发展中可能存在富余劳动力的现实情况,因此人口资本与经济增长的关系无法确定。

(2) 人力资本指标

所谓人力资本是指人们花费在教育、健康、训练和信息获取等方面的开支所形成的资本。目前,人力资本的测量有四种常用方法:一是以劳动者接受学校的教育年限来测度;二是用平均每万人在校大学生人数来测度;三是用大学毛入学率作为替代变量来衡量人力资本的教育程度;四是用教育经费占GDP或财政支出的比重来测度。本书选用第二种方法,以各省域每万人在校大学生人数(人/万人)来衡量各省域人力资本的存量水平。人力资本可以提高全要素生产率进而推动经济增长,因此预期二者成正相关关系。

(3) 物质资本指标

物质资本通常被定义为:生产中使用的建筑物、机器、技术装备及原材料、半成品和制成品等存货。由于物质资本范围甚广,所以物质资本存量的测算非常复杂,计算方法的差异也会导致结果上的巨大差异。由于方法和分省数据收集困难,本书选用另一指标——固定资产投资额作为替代指标,为了消除省域规模的影响,本指标也采用相对数形式,用省域固定资产投资额与各省域GDP的比重进行测度。预期它与经济增长率的回归系数符号为正。

(4) 区域贸易指标

新经济地理学派学者Krugman认为,贸易对省域经济增长具有重要影响。Grossman认为贸易是技术外溢进而推动经济增长的重要途径。学者的研究都显示出贸易对省域经济增长具有重要影响。在测度省域贸易时,同样需要利用贸易的相对指标来消除国家或地区规模大小的影响。本书采用贸易量相对指标——以省域贸易总额除以GDP(贸易依存度)来综合反映省域贸易的整体情况。需要说明的是,省域贸易既包括国内的省域间贸易,也包括进出口贸易,本书仅选用进出口贸易额作为指标值。省域贸易对省域经济增长具有正影响。

(5) 城市化进程指标

目前的研究显示,城市化对于省域经济的增长具有重要作用,对于中国这样一个转型中的发展中大国的各省域而言,效应更加明显。城市化进程通常所用的测算指标便是非农业人口在总人口中所占的比重。本书预期城市化与经济增长之间关系为正。

(6) 市场规模指标

新经济地理学派认为,市场规模是市场经济发展程度的直观反映,在目前的国情下,成熟的市场经济带来的将是稳定且相对高速的经济增长,但市场规模一直难以用一个准确的指标进行阐释,因此只好寻求相近指标进行测度。通常来说,在工业化社会初期,市场规模大的地区人口密度较高,因为这样可以获得专业化分工带来的规模优势,基于我国处于工业化社会的现实状况,本书以人口密度(人/平方千米)衡量省域市场规模的大小对经济增长的作用。估计系数符号为正。

(7) 空间联系指标

对于各省域而言,省域内部联系的紧密程度预示着省域资源配置的好坏和省域市场经济发展状况,而资源配置效率和市场经济发展状况正是决定省域经济发展的重要因素,因此引入空间联系指标既是必需的也是很必要的。省域内部的联系程度可以从公路、铁路和航空等方面加以度量。考虑到数据的可获得性和我国各省域的实际情况,本书用省域每平方千米拥有的公路里程数,即省域内公路总里程数与省域面积的比值来衡量基础设施的发展能力和交通便利程度。预期它对经济增长有正面影响。

(8) 财政支出指标

政府作为省域经济发展的主体之一,显然在经济发展中占据着很重要的地位,政府利用财政支出和政策措施影响着经济的发展走向和发展速度。本书选用财政支出指标对政府的作用进行测度,为便于分析,我们仍选用财政支出占 GDP 的比重这个相对指标来测算,预期对经济增长有正面影响。

表 7.4 模型变量的定义与度量

变量	符号	单位	预期影响
国内生产总值	GDP	亿元	—
人口资本	RZB	—	?
人力资本	RLB	人/万人	+
物质资本	WZB		+
区域贸易	QYM		+
城市化进程	CJC		+
市场规模	SCG	人/平方千米	+
空间联系	KJL	千米/平方千米	+
财政支出	CZZ	元/人	+

7.5.3 我国省域经济的空间计量实证分析

1. 我国省域经济的截面数据实证分析

(1) 数据描述

本小节采用的均为截面数据,而截面数据易受到外界冲击的短暂影响,因此为了平滑掉数据可能受到的影响,研究中取变量末 3 年数据的平均值。以上数据均来源于《中国统计年鉴》和各省份统计年鉴。

(2) 空间常系数回归模型计量分析

前文的空间相关分析已经证明了我国省域经济之间存在空间相关性,因此,在分析区域经济影响因素时,有必要将空间因素纳入其中进行计量分析。本节先以截面回归模型和截面滞后模型对区域经济的影响因素进行分析,为了对比,本小节先对截面数据做 OLS 回归估计,结果如表 7.5 所示。

表 7.5　我国区域经济发展影响因素 OLS 估计结果(2005~2007 年)

变量	β	$Std.E$	t	P
SCG	-0.0004358	0.001135	-0.383708	0.704437
KJI	$5.623e\text{-}005$	$7.927e\text{-}005$	0.709308	0.484696
QYM	0.001193	0.001837	0.649250	0.522097
RLB	0.006596^*	0.003387	1.947147	0.062834
WZB	0.018515	0.015505	1.194092	0.243649
RZB	0.082079^{**}	0.016782	4.890871	0.000049
CJC	0.051431^{**}	0.013357	3.850297	0.000727
CZZ	0.000144^*	$8.259e\text{-}005$	1.753327	0.091801
$CONS$	0.542566	0.528867	1.025902	0.314762
$R^2 ADJ$	0.873637			
F	30.145000			0.000000
$LOGL$	-41.178800			
AIC	98.285500			
SC	111.754000			

* $P<0.10$, ** $P<0.01$

从表 7.5 中的数据可知,OLS 估计的拟合优度较高,模型整体上也通过了 1% 水平的显著性检验。变量的显著性检验显示:人口资本和城市化进程对省域经济增长率都存在着显著的正影响,与预期一致,且变量均通过了 1% 的显著性水平检验;人力资本和财政支出对区域经济增长率的影响也为正影响,与预期相符,且均通过了 10% 的显著性水平检验,其他参数的影响均不明显。从符号上看,唯有市场规模对省域经济增长率的影响为负,与预期存在差异,这证明市场规模的扩大并没有能够加速区域经济的发展。以上分析缘于 OLS 估计,从前文空间统计的检验结果来看,我国的 31 个省域经济之间存在着显著的空间自相关性,因此,忽略空间因素得出的检验结果值得商榷,表 7.6 给出了区域经济空间依赖性检验结果。

表7.6 我国区域经济发展空间依赖性检验(2005～2007年)

空间依赖性检验	MI/DF	t	P
Moran'I	0.2632	3.559801	0.008806
LM-Lag	1	2.882857	0.042742
R-LM-Lag	1	2.671467	0.047254
LM-Error	1	0.238832	0.625050
R-LM-Error	1	0.027442	0.868426
Lagrange Multiplier	2	0.910299	0.634353

I 检验表明空间依赖性非常明显(通过了1%的显著性水平检验),OLS将会导致估计结果及推论缺乏可靠性,因此需要通过引入空间差异性和空间依赖性对经典的线性模型进行修正。在应用空间回归模型时,到底是采用空间回归模型还是采用空间滞后模型,这需要应用上文所述的判断准则。据表7.6中的数据,比较 *LM-Lag*、*R-LM-Lag*、*LM-Error* 和 *R-LM-Error* 数值,我们发现 SLM 模型更显著,稳健性检验表明 SLM 模型通过了10%水平下的显著性检验,但为了比较,本章仍然同时给出了 SLM 和 SEM 两种模型的估计结果,结果见表7.7。

表7.7 我国区域经济的 SLM 和 SEM 估计结果(2005～2007年)

变量	SLM				SEM			
	β	$Std.E$	t	P	β	$Std.E$	t	P
SCG	-0.000943	0.00110	-0.85585	0.39207	-0.000472	0.000967	-0.48825	0.62537
KJI	$6.177e^{-5}$	$6.794e^{-5}$	0.90917	0.36325	$5.058e^{-5}$	$6.771e^{-5}$	0.74693	0.45510
QYM	0.001961	0.001733	1.13153	0.25782	0.001266	0.001560	0.81177	0.41691
RLB	0.005346*	0.003102	1.72331	0.08483	0.006478**	0.002905	2.22972	0.02576
WZB	0.012488	0.013664	0.91393	0.36074	0.015447	0.013543	1.14054	0.25405
RZB	0.080012***	0.014504	5.51637	0.00000	0.080410***	0.014845	5.41631	0.00000
CJC	0.053462***	0.011662	4.58420	0.00000	0.052396***	0.011309	4.63292	0.00000
CZZ	-0.000139*	$7.171e^{-5}$	-1.94984	0.05119	-0.000156**	$6.953e^{-5}$	-2.25238	0.02429
CONS	-0.010705	0.987192	-0.01084	0.99134	0.859001	0.56935	1.50871	0.13137

续表

变量	SLM				SEM			
	β	Std.E	t	P	β	Std.E	t	P
检验	DF	Value	P		DF	Value	P	
R^2 ADJ		0.878037				0.875660		
LnL		−39.6532				−39.961418		
LR	1	0.9790587	0.3224313		1	0.3626963	0.5470126	
AIC		93.3132				97.9228		
SC		104.23125				111.391404		

t 为统计值，* $P<0.10$，** $P<0.05$，*** $P<0.01$

比较表7.6和表7.7中的检验结果发现，空间滞后模型和空间误差模型的拟合优度检验值均高于OLS模型，比较三者对数似然函数值lnL、AIC和SC指标值就会发现，SLM的指标值均为最小值，这也验证了SLM模型相对于其他两模型的优越性。就变量而言，SLM模型和SEM模型内的变量符号始终相同，这说明两个模型得出的效应结论一致。本书将根据SLM模型测度省域经济的影响因素。

从SLM模型中变量的符号看，有两个要素对经济增长的影响为负，分别为市场规模（SCG）和财政支出（CZZ），这与新增长理论推出的结论相反，其他要素均表现为对经济增长的促进作用，与预期的结果相同。从SLM模型中变量的显著性看，多个变量的影响并不显著，其中就包括对经济增长造成负影响的因素市场规模（SCG），它们均未通过10%的显著性水平检验。人口资本（RZB）和城市化进程（CJC）对经济增长的促进作用明显，二者均通过了1%的显著性水平检验，这对政府政策的制定将具有启示作用。财政支出对经济的负影响通过了10%的显著性水平检验。

2. 我国省域经济的面板数据实证分析

截面数据存在着一些天然的缺陷：提供信息有限、自由度损失严重、变量之间可能存在多重共线性等，而面板数据则修正了以上的缺陷，它有更丰富的数据信息、更多的变化、更多的自由度、更少的变量之间的多重共线性，因而提高了估计结果的质量。由于可以获取到省级层面的面板数据，因此本书将依据前面的理论分析，使用基于面板数据的空间计量模型，期望通过空间面板计量方法来考察各影响因素对省域经济的作用情况。本书主要使用固定效应模型的空间面板回归模型形式和固定效应模型的空间面板误差模型形式进行计量分析。

（1）数据描述

由于本小节采用的均为截面数据，而截面数据易受到外界冲击的短暂影响，为了平滑掉数据可能受到的影响，研究中取变量末3年数据的平均值。以上数据来源于《中国统计年鉴》和各省份统计年鉴。本书对省域经济增长的影响因素的分析分三个时期来进行说明,分别为:1988~1992年、1993~1998年和1999~2007年。将1988~2007年这20年的数据再分为三个时期,并非笔者"一时兴起",而是以现实的区域经济政策作为依据,1988~1992年这一时期我国的发展重点定位在以深圳经济特区为重点的沿海地区;1993~1998年这一时期的经济重心在以浦东经济特区开发为龙头的沿江沿边地区;而1999~2007年这一时期的西部大开发战略代表着区域政策的第三次转移。

(2) 我国省域经济的空间面板数据分析——基于面板固定效应的模型分析

为了对比的需要,在进行空间计量实证分析之前,首先对方程进行不含空间效应的面板固定效应和随机效应模型对上文的假设予以论证,结果见表7.8。

表7.8 我国省域经济的面板数据估计结果(固定效应)

	1988~1992年	1993~1998年	1999~2007年	1988~2007年
SCG	0.00440**	0.00183	−0.000356	0.00452***
	(3.08)	(1.41)	(−0.56)	(7.47)
KJI	0.000447***	0.000174	0.0000249***	−0.00000834
	(3.52)	(1.53)	(5.21)	(−0.60)
QYM	−0.000730	0.000447	−0.000481*	−0.00238***
	(−0.66)	(0.25)	(−2.00)	(−5.76)
RLB	0.0503***	0.0305***	0.00372***	0.00631***
	(5.59)	(5.69)	(11.14)	(8.49)
WZB	−0.00449	0.00128	0.0101***	0.0256***
	(−1.71)	(0.43)	(7.67)	(11.18)
RZB	0.0335***	0.0182**	0.0163***	0.0327***
	(3.72)	(2.95)	(3.65)	(5.33)
CJC	0.00558	0.124***	0.00556**	0.0228***
	(1.85)	(7.62)	(2.82)	(6.79)
CZZ	0.00227***	0.000250*	0.000103***	0.000150***
	(9.74)	(2.57)	(9.15)	(6.25)
CONS	0.116	0.170	6.076***	1.925***
	(0.22)	(0.25)	(15.99)	(5.31)
N	155	186	279	620

* $P<0.05$, ** $P<0.01$, *** $P<0.001$

根据以上实证结果,可以得出以下结论:

① 在以上划分的三大时期内,人力资本(RLB)与人口资本(RZB)对经济增长

均具有显著的正向作用,且均通过了1%的显著性检验,影响效果明显,这与新经济增长理论的推断一致。而且人口资本正影响作用明显打消了对于人口资本过剩带来的不确定性。

② 在以上划分的三大时期内,财政支出(CZZ)表现出对经济增长的推动作用,且推动作用较显著,这与SLM得出的结论存在矛盾,考虑到面板数据所具有的"优越性",我们更倾向于依赖面板数据分析的结论,换句话说,本书认为财政支出对省域经济具有正的推动作用。

③ 在以上划分的三大时期内,城市化进程(CJC)对省域经济的增长表现出了正的影响,但1988~1992年,城市化进程的影响不够显著,没有通过10%的显著性水平检验,而随着时间的推移和城市化的加快,城市化进程对于省域经济发展的正影响表现得愈加显著。此结论与上文的理论推断结果保持一致。

④ 从符号上看,有两个变量的符号在不同时间段出现了符号的变异,区域贸易(QYM)在1988~1992年和1999~2007年表现出了负影响,这与理论推论不符,但区域贸易的影响一直不够显著;另一要素物质资本(WZB)在1988~1992年表现出了负影响,但影响并不显著。

⑤ 从整个时间段看,只有空间联系(KJL)未通过5%的显著性水平检验,其他因素影响均较为显著,区域贸易(QYM)符号为负,表示其对经济的增长起到抑制原因,与上文中的推论相反。

(3) 我国省域经济的空间面板数据分析——基于固定效应的空间回归模型

为了考察空间联系对省域经济的影响,本书给出了两类固定效应的空间面板模型结果,具体结果见表7.9和表7.10。

表7.9 我国省域经济的面板数据估计结果(基于固定效应的空间自回归)

	1988~1992年	1993~1998年	1999~2007年	1988~2007年
SCG	0.000968	0.001146**	−0.000493	0.00314***
	(1.55)	(2.57)	(−1.32)	(7.42)
KJL	0.000202***	0.000060	0.000013***	−0.000007
	(3.78)	(1.50)	(4.24)	(−0.70)
QYM	0.000015	0.000212	−0.000152	−0.00158***
	(0.03)	(0.34)	(−1.08)	(−5.44)
RLB	0.020***	0.0087***	0.00196***	0.0044***
	(5.01)	(4.24)	(8.39)	(7.37)
WZB	−0.0032**	0.0002	0.0059***	0.0184***
	(−3.00)	(0.23)	(6.98)	(10.68)

续表

	1988~1992 年	1993~1998 年	1999~2007 年	1988~2007 年
RZB	0.011**	0.0044**	0.0084**	0.0240***
	(2.72)	(2.08)	(3.14)	(5.47)
CJC	0.00037	0.0348***	0.00215*	0.0162***
	(0.29)	(5.49)	(1.86)	(6.83)
CZZ	0.001***	0.000011	0.000056**	0.000109***
	(9.08)	(0.33)	(8.01)	(6.38)
ρ	0.665***	0.718***	0.464***	0.285***
	(17.94)	(23.07)	(12.78)	(8.12)
N	155	186	279	620

* $P<0.05$，** $P<0.01$，*** $P<0.001$

根据表7.9给出的结果，1988~2007年间，空间自回归模型的自回归系数 ρ 为0.285，相应的 P 值为0.00000，此系数在统计上十分显著，这表明某一省域的经济发展受到邻近省域的显著影响。具体到各子时间段，1988~1992年间，空间自回归模型的自回归系数 ρ 为0.665，相应的 P 值为0.00000，此系数在99%的显著水平上可以拒绝它与零没有区别的原假设。1993~1998年间，空间自回归模型的自回归系数 ρ 为0.718，相应的 P 值为0.00000，此系数在统计上表现出高度显著性，1999~2007年间，空间自回归模型的自回归系数 ρ 为0.464，相应的 P 值为0.00000，此系数同样在95%的显著水平上拒绝了它与零没有区别的原假设。在这三个具体的时期内，空间自回归模型的自回归系数 ρ 均为正值，且在统计意义上高度显著，这些都表明了我国各省域经济发展存在着紧密的空间联系。

具体到各个变量对区域经济增长的影响，空间回归面板模型延续了上文中面板模型对经济影响因素的判断，在1988~2007年整个时间段内，空间联系变量（KJL）对经济增长起到了抑制作用，但其抑制作用在统计上并不显著，不能拒绝它与零没有区别的原假设。区域贸易（QYM）对经济增长同样表现为抑制作用，且通过了1%水平的显著性检验，与上文中的推论相反。具体到各个时期，1988~1992年间，仅有物质资本（WZB）对区域经济的影响为显著的负作用，与预期的假设相反；1993~1998年间，所有要素对区域经济发展都起到推动作用，但空间联系（KJL）、区域贸易（QYM）、物质资本（WZB）、财政支出（CZZ）等因素对经济增长的影响均不显著；1999~2007年间，市场规模（SCG）、区域贸易（QYM）对区域经济影响虽为负作用，但在统计上均不显著。

表 7.10　我国区域经济的面板数据估计结果(基于固定效应的空间误差)

	1988~1992 年	1993~1998 年	1999~2007 年	1988~2007 年
SCG	-0.000411	0.001216**	-0.000806***	-0.000544***
	(-0.68)	(3.60)	(-3.81)	(-4.60)
KJL	0.000067	0.000051	-0.000002	-0.000001
	(1.436)	(1.74)	(-0.63)	(-0.18)
QYM	0.000133	0.000065	0.000291**	0.000396***
	(0.42)	(0.17)	(3.19)	(4.82)
RLB	0.00489	0.001793	-0.00120	-0.000028
	(1.41)	(1.15)	(-0.70)	(-0.13)
WZB	-0.0037***	-0.00149*	0.00222***	0.000610
	(-3.31)	(-1.97)	(3.94)	(1.20)
RZB	0.000723	-0.0019	0.00223	0.00140
	(0.25)	(-1.29)	(1.39)	(0.22)
CJC	-0.00223*	0.00172	-0.00150*	-0.001037
	(-2.36)	(0.36)	(-2.10)	(0.08)
CZZ	0.000537***	-0.000098***	0.000008	0.000022***
	(5.12)	(-3.87)	(1.42)	(4.06)
λ	0.124	0.143	0.287*	0.274*
	(4.14)	(3.98)	(10.51)	(9.28)
N	155	186	279	279

t 为括号内统计值，* $P<0.05$，** $P<0.01$，*** $P<0.001$

(4) 我国省域经济的空间面板数据分析——基于固定效应的空间误差模型

根据表 7.10 给出的结果,1988~2007 年间,空间误差模型的自相关系数 λ 代表某一省域的随机误差项 $φ_i$ 受临近省域的随机误差项的影响程度,随机误差项说明的是由解释变量如空间联系、人力资本、人口资本等之外的因素影响省域经济发展的程度。估计结果显示,1988~2007 年间,空间误差模型的回归系数 λ 为 0.274,相应的 P 值为 0.032457,这个系数通过了 5%水平的显著性检验,表明某一省域由解释变量之外因素所综合影响的省域经济发展程度与相邻省域之间解释变量之外因素的影响是存在空间联系的。具体到各子时期,1988~1992 年间,空间误差模型的回归系数 λ 为 0.124,相应的 P 值为 0.092537,此系数不能通过 5%的显著性水平,这也表明省域经济的随机误差项与相邻省域关系并不明显;1993~1998 年间,空间自回归模型的自回归系数 λ 为 0.1431,相应的 P 值为0.081352,同样难以断定省域经济的随机误差项与相邻省域随机误差项之间的影响关系;

1999～2007年间,空间自回归模型的自回归系数 λ 为0.287,相应的 P 值为0.031245,此系数在95%的显著水平上拒绝了它与零没有区别的原假设,表明了我国各省域经济残差项之间的空间联系。

具体到各个变量对区域经济增长的影响,空间误差面板模型中多个变量对经济增长有负影响,1988～2007年间,空间联系和人力资本对省域经济增长虽存在负影响,但在统计意义上并不显著,而市场规模(SCG)和城市化进程(CJC)通过了10%水平下的统计检验,对经济的抑制作用明显,这与上文的推论不符。具体到各个具体的时间,1988～1992年间,市场规模(SCG)、物质资本(WZB)和城市化进程(CJC)对经济均表现为负影响,但市场规模对经济的影响表现不够显著;1993～1998年间,物质资本(WZB)、人力资本(RZB)和财政支出(CZZ)对经济的发展起到了抑制作用,但除了财政支出的抑制作用较为明显外,其他因素对经济的抑制作用均不显著;1999～2007年间,市场规模(SCG)、空间联系(KJL)和城市化进程(CJC)均对省域经济的增长起到了显著的抑制作用。

上文给出了引入空间权重矩阵后的空间计量模型的估计结果,显然,考虑了空间影响因素的模型要优于传统的面板模型,因为放松空间不相关假设后更加接近于经济现实。空间自回归面板模型和空间误差面板模型相比,据现实经济意义及相关截面检验准则,笔者更倾向于选择空间自回归面板模型。

3. 我国省域经济的变系数回归模型实证分析(GWR)

上述模型给出的结果均为全域(Global)估计结果。换句话说,这些模型给出的回归系数对于每一个局域(Local)而言均为同一个常数,因此,它无法揭示局域中每一个具体省域的因素和经济增长之间的关系。通常我们采用地理加权回归模型(GWR),应用加权最小二乘法(WLS)来解决这个问题。

(1) 区域经济增长的GWR模型公式

首先,依据经济增长的影响因素以及前述GWR模型公式的定义方法给出经济增长的GWR模型公式。设省域 i 经济水平为 $\ln GDP_i$,省域 i 坐标为 (u_i, v_i),则

$$\ln GDP_i(u_i, v_i) = \beta_0(u_i, v_i) + \sum_{j=1}^{k} \beta_{1ij} \ln RZB(u_i, v_i)$$

$$+ \sum_{j=1}^{k} \beta_{2ij} \ln RLB(u_i, v_i) + \sum_{j=1}^{k} \beta_{3ij} \ln WZB(u_i, v_i)$$

$$+ \sum_{j=1}^{k} \beta_{4ij} \ln QYM_i(u_i, v_i) + \sum_{j=1}^{k} \beta_{5ij} \ln CJC(u_i, v_i)$$

$$+ \sum_{j=1}^{k} \beta_{6ij} \ln SCG(u_i, v_i) + \sum_{j=1}^{k} \beta_{7ij} \ln KJL(u_i, v_i)$$

$$+ \sum_{j=1}^{k} \beta_{8ij} \ln CZZ(u_i, v_i) + \varepsilon_i \quad (7.58)$$

式中,j 为对区域 i 经济有影响作用的相邻区域个数。如上文所述,地理加权回归

模型的关键是要确定权重函数和带宽。根据计算,选取高斯函数作为权重函数,带宽依据最小 AIC 准则选择。具体数值为

$$CV = 0.623824, \quad b = 19.938, \quad AIC = 71.26$$

(2) 回归系数

每个样本、每个影响因素都有对应的回归系数,假定有 8 个影响因素,则每个截面加上常数将产生 9 个回归系数,则共有回归系数 31×9 个。限于篇幅,表 7.11 仅摘录了以高斯空间核作为核函数的回归系数最小、下分位数、中位数、上分位数、最大数。

表 7.11　区域经济发展 GWR 模型高斯空间核回归系数

	最小数	下分位数	中位数	上分位数	最大数
CONSTANT	7.28149	8.07956	8.62683	9.06284	9.66817
SCG	−0.00097	−0.00091	−0.00087	−0.00074	−0.00039
KJL	0.00004	0.00008	0.00009	0.00010	0.00012
QYM	0.00157	0.00197	0.00203	0.00205	0.00206
RLB	0.00320	0.00347	0.00361	0.00373	0.00383
WZB	−0.02389	−0.02064	−0.01768	−0.01382	−0.00886
RZB	−0.00497	0.00300	0.00739	0.01357	0.02486
CJC	0.00188	0.00637	0.00890	0.01043	0.01171
CZZ	−0.00023	−0.00023	−0.00022	−0.00020	−0.00016
CONS	−0.00097	−0.00091	−0.00087	−0.00074	−0.00039

GWR 作为局域空间回归模型,其依据相邻区域的影响权重对每一个空间单元进行了局部回归分析,对于每一个参数而言,参数在各区域之间存在变异性,与传统 OLS 模型给出的一个"全域"估计值不同,GWR 模型参数估计值存在最大值和最小值。表 7.12 列出了每一个参数在各区域之间的部分典型指标值,通过这一列典型指标值,我们也能发现经济增长各影响因素在空间上的变异,且有些影响因素甚至在不同区域内表现出了不同特性,如人力资本影响因素,其最大值和最小值符号相异,这说明人力资本对于部分区域的经济发展起到了积极的推动作用,同时,一些区域的人力资本对于区域的经济发展反而起到抑制作用。

(3) 方差分析

GWR 模型是对局域估计的结果,我们有必要考虑 GWR 和全域性模型的功效。本书利用 Fotheringham 等人提供的方差分析(ANOVA)检验 GWR 功效,应用软件 SAM 得到表 7.12 所示的结果。

表 7.12　区域经济发展 GWR 模型方差分析

	SS（残差平方和）	D.F.	AIC	MS（均方）	F 检验
OLS	8.87	9.00	80.19		
GWR 改善	2.10	1.85		1.13674	
GWR	6.77	20.15	71.26	0.33601	3.38309

从表 7.12 看，在残差平方和项上，GWR 模型比 OLS 模型有显著的改善，此外，GWR 模型的 AIC 比 OLS 模型的 AIC 要小很多，根据 Fotheringham 等人的判断准则，只要 GWR 模型与 OLS 模型的 AIC 值相差大于 3，即便考虑到 GWR 的复杂性，GWR 模型拟合数据的能力还是较 OLS 模型优越。

GWR 模型在估计参数时还存在着一些不可避免的问题，诸如当空间样本数据包括异常观察值或者空间样本数据存在异方差时，传统的 GWR 模型方法就会表现出以下缺陷：

问题 1：GWR 模型是对局域部分进行线性估计，其模型主要是重复使用所有空间样本点的观察数据（赋予不同的权重）以建立一个估计序列。这便使得空间样本点之间缺乏独立性，传统的回归方法的估计值将有偏差。

问题 2：在 GWR 模型中，由于受到空间因素的影响或者制度上施加的不合理影响，空间样本点可能会出现异常值或者异方差现象，这将影响到局域线性参数的估计结果。

问题 3：对于一些空间点而言，用于估计参数值的有效样本点数目较少。

为了解决这些问题，贝叶斯变系数回归模型（BGWR）是一个优良的选择，其具有一些特别的优越性：它不要求样本观察值之间的独立性，且异常观测值会被自动被识别，并且通过降低权重以避免其对估计参数的巨大影响。当然，贝叶斯变系数回归模型一般针对大样本数据，其方法首先运用 Gibbs 抽样方法进行抽样，以创造一个修正异常观测值的参数值以确保估计结构的稳健性，随后再根据 GWR 原理进行相应的参数估计。由于本书中样本点较少，且不存在异常点，因此使用 GWR 模型和 BGWR 模型在功效上基本没有差异，本书提及 BGWR 模型只是希望此方法能得到空间计量学者应有的重视。

7.6　总结性述评

本章通过放松经济体之间不存在空间相关的假设条件,利用空间统计学和空间计量经济学方法对省域经济的影响因素进行了分析。本章通过空间统计学对省域经济之间的联系方式和密切程度做出判断:我国省域之间经济联系密切,存在着空间聚集特征;基于这样的判断,本章利用空间效应的计量经济学方法,从截面和面板数据两个角度对省域经济的影响要素进行了分析,并通过对比法得出了一些结论,可为省域经济政策的制定提供有效的参考。

第8章 区域经济协调互动发展评价体系研究

区域协调互动发展作为国家发展战略从性质上界定了我国未来发展的方向,但如何厘清区域协调互动发展达到的程度,如何评价区域协调互动发展的进程,是本书着力解决的问题。依照哲学观点,任何事物的发展都要经过量变和质变两个过程,且事物的发展因量变而产生质变。因而推进我国区域协调互动发展应准确把握"区域协调互动发展"的量、质特征。综合评价法是评价者利用数据对评价对象的属性特征与评价者的需求之间价值关系进行评价的一种反映活动。综合评价法不仅包括对质的反映,也包括对量的认识,其目的是准确把握事物所处阶段,然后根据评价结果找差距、辨方向、定目标,以此指导实践。据此,对区域协调互动发展进行评价就是评价者对区域协调互动发展属性与评价者的需求之间价值关系的反映活动,即明确价值的过程。

本章关注的对象是区域协调互动发展,其主要目的是设计一套科学的评价区域协调互动发展的指标体系。本章从应用角度出发,围绕着区域经济协调互动发展评价体系分析区域经济协调互动发展的目标和标准、区域经济协调互动发展评价体系的构建、区域经济协调互动发展的评价方法等问题,本章的重点和难点是对区域协调互动发展状态指标和进程指标的选取。

8.1 区域协调互动发展评价体系构建目标及标准

8.1.1 区域协调互动发展评价体系构建目标

根据《现代汉语词典》对"发展"的定义,发展是指事物由小到大,由简到繁,由低级到高级,由旧物质到新物质的运动变化过程。区域协调互动发展的目标不仅应是静态的完美,更应是动态的协调。从动态视角理解"区域协调互动发展",至少应从"状态"和"过程"两个方面对区域协调互动发展进行界定。从"状态"的角度看,区域协调互动发展体现为:区域之间相互开放,区域经济交往密切,区域分工合理,区域经济整体高效增长,区域之间的经济发展差距在合理、适度的范围内等。

从"过程"的角度看,区域协调互动发展体现为:经济交往日益密切,区域分工趋向合理,区域间经济发展差距逐步缩小。显然,"状态"反映了协调的程度,"过程"反映了协调的趋势,协调发展的最终实现目标是实现"区域协调发展的正向促进与良性互动"。

在对区域协调互动发展进行综合评价时,应从区域协调互动发展的状态以及发展过程中遇到的问题两方面进行评价。进行"状态"评价以检验区域发展是否协调或者协调到了什么程度,评价协调的"过程"以发现各种机制、措施是如何发生作用的以及作用的效果如何,进而获得改进机制、完善措施的信息。

8.1.2 区域协调互动发展评价体系构建标准

区域协调互动发展评价体系的构建,除了把握一般性的原则以外,还应特别注意以下几点:

1. 准确反映区域协调互动发展的内涵

在设计指标体系时,从区域主体之间的关系出发,以区域协调互动发展的五大机制作为基础,充分、准确反映区域协调互动发展的特征论述的诸方面。

2. 指标度量的完整性

由于某一指标只能从某一特定角度反映区域协调互动发展,我们对上述提到的每一个区域协调互动发展机制均采用两个以上的指标从不同角度进行度量,所选择的每个指标至少能在一定程度上、一定时期内近似地反映某一方面的某些基本特征。

3. 所选择的指标必须是可度量的,而且能够实际取得数据

有些指标虽然理论上可行,但缺乏数据来源,或虽能取得数据,但可信程度较低,如此则宁可暂缺。我们选取的指标数据主要来自各类不同的统计指标,在缺乏统计数据的情况下使用调查数据。

4. 所选择的指标的相对性

区域协调互动发展本身是一个不断发展、演进、变化的过程,构建区域协调互动发展评价体系时,想以一个完美的目标作为评价标准衡量区域协调互动发展的绝对程度是不现实的。在构建指标体系时,应主要着眼于将各区域的协调互动发展程度进行横向比较和排序,对它们的进步或退步做出评价。也就是说,评价体系并不旨在反映区域协调互动发展的绝对程度,而是注重各个区域在协调互动发展中所处的相对位置。

5. 动态指标与静态指标共存

如上文所言,区域协调互动发展是一个动态过程,在选择指标时,不仅要选择能够反映区域现状的状态指标,也要选择能够反映区域协调互动发展的动态过程指标。

8.2 区域协调互动发展评价体系构建

区域协调互动发展监测评价的总目标为"区域协调发展的正向促进与良性互动",本书从状态和过程角度出发,对我国区域协调互动发展评估指标体系设置了两大类指标,并依照五大机制将过程类指标分解为五个层次的子目标——"分层指数",每个子目标由若干具体指标构成。

参照《中共中央关于制定国民经济和社会发展第十一个五年规划的建议》,遵循科学的发展观,结合区域协调互动发展中各主体之间的关系,基于体现评估指标公平性、客观性、重要性、可操作性的角度考虑,对我国区域协调互动发展评估指标体系从状态和过程角度设置了两大类指标。

8.2.1 区域协调互动发展的状态指标

1. 反映评价区域总体的状态指标

(1) 区域经济总量(GDP)。GDP是反映经济总量的重要指标,也是衡量一个国家或地区发展综合水平通用的指标。GDP是宏观经济中最受关注的经济统计数字,被认为是衡量国民经济发展情况最重要的一个指标,我们应用GDP指标,可以从总体上反映区域的发展程度。

(2) 区域人均经济总量(人均GDP)。区域经济总量指标中忽略了人口基数对区域经济总量的影响,设置了区域人均经济总量指标是为了剔除人口对经济总量的影响。

(3) 区域要素禀赋拥有量(区域石油储量)。要素禀赋作为区域发展的必要条件,反映了区域发展的潜力,要素禀赋充足的区域自然拥有区域发展的先天优势。石油作为最重要的资源禀赋,通过反映其探明储量可以测度出区域发展未来的潜力,本书用区域石油储存量来反映区域发展的要素禀赋。

(4) 区域高等教育总毛入学率。区域人口素质状况是区域发展的另一重要要素禀赋,本指标体系中应用区域高等教育毛入学率予以反映。

(5) 区域居民的幸福总指数。这是一个主观指标,本指标体系主要应用相关调查结果得出的各区域居民的幸福指数作为指标内容。

2. 反映评价区域内部差异的状态指标

(1) 区域各部分间GDP差异。区域内各部分间在经济总量上的差异越大,说明区域内经济协调发展程度越弱;区域内各部分间的差异越小,说明区域内经济协调发展程度越强。本书用区域各部分(所辖省份)间GDP变异系数来反映区域内经济总量上存在的差异。

（2）区域各部分间人均GDP差异。为了消除人口基数对区域经济的影响,我们设置了区域人均GDP差异指标,本书用区域各部分(所辖省份)间人均GDP变异系数来反映区域内人均经济总量上存在的差异。

（3）区域各部分间要素禀赋差异。本书用区域各部分(所辖省份)间的石油储存量变异系数来反映区域内要素禀赋上存在的差异。

（4）区域高等教育毛入学率差异。本书用区域各部分(所辖省份)间的高等教育毛入学率变异系数来反映区域内人口素质状况存在的差异。

（5）区域各部分间居民幸福指数差异。本书主要应用相关调查结果得出的区域各部分(所辖省份)间的幸福指数变异系数作为指标内容。

8.2.2 区域协调互动发展的过程指标

在反映区域协调互动发展的进程指标中,根据五大机制设置以下五方面的指标。

1. 市场机制

市场机制区别于计划体制的最大表现是:计划体制主要依靠政府财政来分配资源,市场机制中市场是分配资源的最主要渠道。市场机制着重的是资源流动性及竞争性,因此我们应用一系列反映流动性和竞争性的相关指标。为了消除随机因素的影响,本指标体系建议使用三年移动平均数。

（1）区域间贸易流量。贸易流量的变化虽然与地区经济总量以及其他因素相关,但贸易流量变化的大小能够体现区域间市场的整合状况。本书对区域间贸易流量进行研究,即对区域所辖各省的省际流入量、流出量占区域GDP的比重进行分析。

（2）区域产品价格差异。价格直接反映了区域市场间的差异状况,区域间市场若呈割裂状态,在价格上的表现是同产品价格差异明显。选取部分具有代表性的产品价格反映产品市场的割裂程度,区域间产品价格差异越大,则代表产品市场一体化程度越低。我们对区域间的部分典型产品的价格数据进行研究。本书用区域典型产品价格变异系数反映区域产品市场的差异状况。

（3）区域要素价格差异。市场机制不仅体现在产品市场,生产市场同样需要市场机制。要素作为生产市场上的主要产品,要素价格反映了生产市场的割裂程度,区域间要素价格差异越大,则代表要素市场一体化程度越低。本书用区域典型要素价格变异系数反映区域产品市场的差异状况。

（4）区域内非国有经济在工业经济中所占比重。在计划体制下,国有企业在非农业经济部门中占绝对统治地位。市场机制发生的一个最显著变化就是市场导向的非国有经济取得了重大发展,使得市场调节在整个经济中的比重迅速提高。

衡量非国有经济的发展程度对于市场机制的测度具有重要意义。

2. 合作机制

合作机制包括政府间合作，政府推动下的企业间合作，非政府组织间合作，政府、非政府组织和企业共同参与的合作。

(1) 区域政府之间签订合作项目总价值。政府之间的合作项目反映了政府之间在各领域的合作程度。本书利用区域所辖省级政府间签订的合作项目总价值予以反映。

(2) 区域间针对区域问题的立法数目。区域内立法反映了区域所统辖的地方政府之间在制度方面的合作力度。我们利用针对区域的立法数目这一指标予以反映。

(3) 区域企业之间签订合作项目总价值。企业之间的合作项目反映了区域所辖企业之间在各领域的合作程度，本书利用区域所辖企业间签订的合作项目总价值予以反映。

(4) 区域之间的信息共享程度。信息作为一项重要的资源起着密切区域关系的纽带作用，信息共享程度是区域合作程度的一个重要反映。鉴于信息共享程度度量的复杂性，本指标体系中用区域内各部分间高速信息网络的变异系数予以反映，该指标为逆指标。

3. 空间组织机制

空间组织机制反映了区域间的紧密程度，从侧面反映了区域间资源的配置程度。随着经济的发展，公路网密度已不足以反映区域之间联系的紧密程度，取而代之的是高速交通网的覆盖程度。秉承这一观点，本书应用一系列高速交通网的覆盖程度来反映空间组织机制。

(1) 区域间航空网络覆盖密度。本指标体系用区域每千人拥有的航空网络里程数反映区域间的航空网络密度。

(2) 区域间高速信息网络覆盖密度。本指标用区域每千人拥有高速信息网络总长度反映区域间的航空网络密度。

(3) 区域间能源供给网络覆盖密度。能源是区域发展的重要要素，也是联系区域经济发展的纽带。能源网络的覆盖密度对区域经济起着促进作用。本指标体系用区域每千人拥有的能源供给网络总长度反映区域间的能源供给网络。

(4) 区域产业结构状况。区域空间组织机制既表现为区域空间的网络联系，也表现为经济组织网络的发展状况。经济网络发展状况的主要测评标准是区域间产业结构的配置。随着区域的发展、产业结构的转型，区域内二、三产业增加值比重应大幅提升，本书用区域内二、三产业增加值占 GDP 比重予以说明。

4. 援助机制

援助机制反映区域间的资源流动状况。资源的含义广泛，包括人力资源、科技资源、信息资源等。资源是一个地区发展的要素，对区域发展的作用不可小觑，尤其在现代社会,人力资源、科技资源、信息资源等对发展的重要作用日益彰显。本指标体系综合考虑区域发展的多项要素,力争全面反映区域发展援助机制。

(1) 区域间科技支持项目数目。"科学技术是第一生产力",知识已经成为现代发展的主要要素之一,而在区域内部,知识的分配不够均匀,知识支援已经成为援助机制的重要内容。本书主要利用区域间科技支持项目数目予以反映。

(2) 区域间财政拨付流量占区域 GDP 的比重。资金作为传统发展要素,在发展中的作用仍不可替代。区域间仍主要通过财政拨付的方式支持其他欠发达地区的经济发展。本指标体系利用区域间财政拨付流量占区域 GDP 的比重予以反映。

(3) 区域间人才流动数目占区域劳动人口的比重。科技的表现形式之一是知识,二是科技依附的主体——人,正是因为科技对于区域发展的重要作用,人力资源在区域发展中的作用日益受到重视,更有学者宣称人力资源的不平等是区域发展的主要障碍,人才援助更显得有效和必要。本书利用区域间人才流动数目占区域劳动人口的比重予以反映。

5. 治理机制

我国的治理机制并不完善,在区域协调互动发展的现阶段,地方政府仍起着主导作用,随着社会的发展,治理机制的作用将日益受到重视。本指标体系仅用两个指标反映治理机制。

(1) 针对区域问题的非政府组织数目。

(2) 针对区域问题的非正式协议数目。

8.3 区域协调互动发展的综合评价方法

8.3.1 评价体系中指标的权数确定

在多指标综合评价中,权数的确定直接影响着综合评价的结果,权数数值的变动可能引起被评价对象优劣顺序的改变,科学地确定指标权数在多指标综合评价中有举足轻重的作用。权数是以某种数量形式对比、权衡被评价事物总体中诸因素相对重要程度的量值。就其本质而言,权数是一个结构相对数,无论它以什么数量形式出现,总是可以归结为相对数的形式。本书权数的确定采用层次分析法和专家法相结合的方法,通过专家比较分析,根据重要性程度,赋予区域协调互动发展的状态指标的权重为 0.36,赋予区域协调互动发展的过程指标的权重为 0.64,其中在反映区域协调互动发展的过程指标中,分别赋予五大机制的权重为:市场机制权数为 0.20,合作机制权数为 0.18,空间组织机制权数为 0.12,援助机制权数为 0.10,治理机制权数为 0.04。在区域协调互动发展的状态指标以及五大机制所辖指标中,按照重要程度把指标分为重要、比较重要、强烈重要、极端重要四等,分别记为1、2、3、4等级。在这些指标中,极端重要的有:区域间贸易开放程度,区域政府之间签订合作项目总价值;强烈重要的有:区域人均经济总量,区域各部分间人均GDP差异,区域企业之间签订合作项目总价值,区域产业结构状况,区域间财政拨付流量占区域GDP的比重;比较重要的有:区域经济总量(GDP),区域要素禀赋拥有量,区域各部分间GDP差异,区域各部分间要素禀赋差异,区域产品价格差异,区域要素价格差异,区域内非国有经济在工业经济中所占比重;其余为重要。确立指标体系的各指标权重后,根据上述等级划分建立判断矩阵,并采用CR指标一致性检验法对判断矩阵进行了一致性检验,本指标体系通过检验。检验后的指标权数分别为:重要0.02,比较重要0.04,强烈重要0.06,极端重要0.08。具体各指标权数参见表8.1。

表8.1 区域协调互动发展指标评价体系表

一级指标	二级指标	三级指标		
		代号	指标名称	权重
状态指标	区域总体的状态指标	X1	区域经济总量(GDP)	0.04
		X2	区域人均经济总量(人均GDP)	0.06
		X3	区域要素禀赋拥有量	0.04
		X4	区域高等教育总毛入学率	0.02
		X5	区域居民的幸福总指数	0.02
	区域内部差异的状态指标	X6	区域各部分间GDP差异	0.04
		X7	区域各部分间人均GDP差异	0.06
		X8	区域各部分间要素禀赋差异	0.04
		X9	区域高等教育毛入学率差异	0.02
		X10	区域各部分间居民幸福指数差异	0.02
过程指标	市场机制	X11	区域间贸易流量	0.08
		X12	区域产品价格差异指标	0.04
		X13	区域要素价格差异指标	0.04
		X14	区域内非国有经济在工业经济中所占比重指标	0.04

续表

一级指标	二级指标	三级指标		
		代号	指标名称	权重
过程指标	合作机制	X15	区域政府之间签订合作项目总价值	0.08
		X16	区域间针对区域问题的立法数目	0.02
		X17	区域企业之间签订合作项目总价值	0.06
		X18	区域之间的信息共享程度	0.02
	空间组织机制	X19	区域间航空网覆盖密度	0.02
		X20	区域间高速信息网络覆盖密度	0.02
		X21	区域间能源供给网络覆盖密度	0.02
		X22	区域产业结构状况	0.06
	援助机制	X23	区域间科技支持项目数目	0.02
		X24	区域间财政拨付量占区域GDP比重	0.06
		X25	区域间人才流动数占区域劳动人口的比重	0.02
	治理机制	X26	针对区域问题的非政府组织数目	0.02
		X27	针对区域问题的非正式协议数目	0.02

8.3.2 评价体系中指标的无量纲化方法

指标需要经过无量纲化后才能使用。所谓无量纲化,就是把不同计量单位的指标数值改造成为可以直接汇总的同度量化值。由于本书选取的指标值增加(或减少)到一定程度以后,再要增加(或减少)就越来越困难,这类似于经济学中的边际收益递减规律。对指标的无量纲化方法,本书借鉴彭非和袁卫教授《对综合评价方法中指数功效函数的一种改进探讨》一文中采用的指数型功效函数法。其方法为

$$d = Ae^{(x-x^s)/(x^h-x^s)B} \tag{8.1}$$

式中,d 是指单项评价指标的评价值(即功效分值);x 是指单项指标的实际值;x^s 表示不允许值,x^h 为满意值,不允许值和满意值也被称为阈值。式(8.1)中,A、B 为正的待定参数。相对于原有的指数功效模型来说,式(8.1)在计算时无须使用样本均值,这将使得指标更加稳定。如同其他功效函数,对于正指标,指数型功效函数法取数据实际值的最大值为满意值,最小值为不允许值;对于逆指标,指数型功效函数法取数据实际值的最小值为满意值,最大值为不允许值。

8.3.3 综合评价结果的计算与分析

根据上述各个指标值及权数,可以通过指数合成方法进行综合评价结果的计算和分析。指数合成方法至少包括加权算术平均合成法、加权几何平均合成法和加权调和平均合成法等三种。由于加权几何平均合成法对指标权数的精确要求程度不如加权算术平均合成法明显,而且它突出了指标评价值较小的指标作用,强调地区内各指标发展水平的一致性,其对指标评价值变动的反映比加权算术平均合成模型更加灵敏,更加有助于拉开被评价对象的档次,因此采用加权几何平均合成法综合评价的效度更高。

我们把区域协调发展度的量度用[0,1]区间内的数字来表示,协调度为1代表区域完全协调发展;协调度为0代表完全不协调发展;协调度处于0和1之间,则代表部分协调。需要重申的是,区域协调发展是一个不断发展、演进着的过程,不能仅从绝对值角度评价区域协调发展的程度,也不能仅用纯粹的"是"或"不是"作为结论。区域协调发展的程度并没有绝对标准,"协调发展"总是相对于"不协调发展"而言的。与此同时,协调发展又存在程度的差异,即层次性。这套指标体系的设计并不着眼于显示区域的协调发展距离完全协调发展的标准相差有多远,主要是着眼于将各区域协调发展的程度进行横向比较和排序,为区域协调发展的未来提供指导。

第 9 章 研究总结与展望

本章总结本书的研究方法和研究内容,并对未来可能的研究工作进行展望。

9.1 研究总结

9.1.1 研究方法总结

本书主要以省域经济体为研究单位,以 1988～2007 年为主要研究时间段,围绕着"区域经济协调发展"和"区域经济增长"两大研究主题展开研究。本书在实证过程中既借鉴了目前研究区域经济研究的主流方法,也对目前的研究方法有所发展,从各个假设层面展开论证。具体地说,本书主要采用了以下几种方法:

1. 文献资料法

对相关的文献资料进行考察分析,在别人研究的基础上深化研究工作,力求取得突破;查找一些相关统计资料和统计数据,进行区域协调互动发展评测。

2. 理论分析法

本书在原有研究成果的基础上进行深入的理论研究,比如对于区域协调发展内涵与特征的探讨,对区域协调互动发展五大机制的理论进行探讨。

3. 实证分析方法

实证分析方法的特点是研究事物"是什么""怎么样",并且实证研究应逐步放松假说,以期使结论更接近于现实。本书的研究主要为实践应用,实证分析方法贯穿始终,本书利用各种较为新颖的统计分析方法对我国八大区域协调互动发展的现状、未来的可能趋势进行研究,且本书构建的区域协调互动发展评价体系也立足于现实。

4. 具体的研究方法

在具体的研究方法上,本书主要应用了统计指标法、回归分析法、增长分布分析法、分形 R/S 分析法、空间统计法、空间面板计量法和空间变系数回归分析法等多种方法对区域经济协调发展问题进行研究。值得一提的是,本书应用的空间面板计量法和空间变系数分析法目前鲜有研究者使用。

9.1.2 本书所做的工作

在我国区域经济发展这个宏大主题受到政策制定者和学者非常关注的大背景下,本书采用各种实际数据和科学统计方法研究我国区域经济协调发展和区域经济增长,具有一定的意义。当然,本书所做的工作并非仅是对以前学者研究成果的总结归纳,而是试图在他们的研究基础之上做出一点"边际贡献",具体说,主要体现在以下三个方面:

1. 拓宽了区域经济协调发展研究的视野和思路

传统的研究经济协调发展的理论假设都是均质的、线性的、时间的,经济协调发展的研究是在"限定"的框架下展开的。显然,这些理论假设与现实存在距离,往往无法很好地解释和分析现实经济状况,更不能科学地对经济形势做出判断预测,本书则沿着方法围绕现实的逻辑思路,逐步放松假设条件,用多种方法对区域经济的协调发展状况和经济增长状况进行研究,本书还将地理要素纳入分析框架,使得研究更加贴近现实,从而拓宽了经济协调发展的研究视野。

2. 丰富了区域经济协调发展计量分析的方法和手段

如同上文归纳所述,目前研究区域经济的学者有着多种方法维度,但各种方法维度总存在着或多或少的缺陷。譬如,空间计量经济学和空间统计学虽然考虑到了经济体之间的空间效应,但是大多数学者的研究仅局限于截面数据,而截面数据的固有缺点造成了估计结果的可信度降低。本书在空间计量方法上便有一定的创新,论文试图基于国外学者相关的理论成果,构建空间面板计量经济模型以研究区域经济,丰富了空间计量的分析手段。

3. 具有一定的理论意义和实践参考价值

在本书提出的理论和方法支持下获得的研究结论,将对我国经济增长和地区差异实践提供一定的参考价值。本书基于多种方法得出了相关结论:区域经济存在趋异的趋势,区域经济趋异形势还将持续等,这些结论对于我国经济持续稳定增长、制定区域间经济政策都具有较高的理论意义和实践价值。

9.2 研究展望

作为一个实证研究的主题,研究展望主要表现在两大方面:

9.1.1 研究方法必然有所前进

随着各种研究的深入,研究方法层出不穷,研究方法主要基于不同的研究假设和不同的实际情况展开。当然,现实环境的复杂性和研究假设的片面性注定了区域经济研究结果的非完全现实性,但我们可以通过对方法的改进逐步改善研究结果的科学性,尽可能让结果无限"逼近"于真实值。本书已试图使用空间面板计量经济学和其他较新的统计方法进行分析。当然,本书的这些方法还存在很多缺陷,譬如空间面板计量方法中的相关检验还不成熟,这些都有待后续研究。

9.1.2 研究主题必然有所深化

如同诸多区域经济的研究著作一样,本书的关注点主要集中于区域经济收敛性判断和区域经济影响因素分析这两大核心主题之上。不可否认,这两大主题在区域经济研究中有极其重要的地位,但是我们也应该注意到,随着区域经济的发展,必然有更多主题应纳入研究范围。可以预见的是,研究伴随着经济的增长将更加细化,未来的研究可能会在研究基本单元上有所突破,市域经济、县域经济的研究可能会成为下一个研究重点。另外有必要提及的是,研究可能会更加注重于可操作性和预测性,这也充分体现了实证类著作的价值所在。

后　记

本书基于我的博士学位论文整理而成，最终成稿之时，我已毕业工作六载有余，惊觉"人生天地之间，若白驹之过隙，忽然而已"。十载寒窗，虽不至为"伊"消得人憔悴，但也曾有竭尽心力的付出、困顿不安的彷徨、茅塞顿开的欣喜，方才换得此书成稿之际"千淘万漉虽辛苦，吹尽狂沙始到金"般酣畅淋漓的快感。

回首往昔，万莫能忘的便是我的恩师韩兆洲教授和师母冯惠敏女士。初入门时，韩老师丝毫未嫌我是统计学的门外汉，悉心指引迷惘的我找到研究方向。论文写作中，韩老师言传身教，他学术的严谨、育人的细微、知识的渊博、思维的敏锐，无不潜移默化地影响着我。本书从选题到成稿，得到了韩老师不厌其烦的指导和醍醐灌顶的点拨。更难能可贵的是，在我毕业走出了校园后，韩老师仍时时提醒我勿忘初心，带领我继续行走在学术的康庄大道上。独在异乡，韩老师和师母给予的家的温暖和无私的照顾便如冬日的暖阳，我铭感五内。

在此，我还要特别感谢暨南大学统计学系刘建平教授，和他的每次交流都似灵魂的盛宴，使我受益匪浅；感谢王斌会教授、雷钦礼教授、尹居良教授，他们的谆谆教诲和无私帮助，我铭记于心；感谢一直关心爱护我的同事们，他们对于我研究工作的理解和支持，我心存感激；感谢博士期间的同窗挚友魏章进、侯雅文、舒晓惠、贺建风、倪泽强、曾海舰、欧阳瑞、赵卿，曾经的朝夕相处、并肩作战、彻夜长谈，我无比怀念。

养儿方知父母恩，感激我的父母成就了今天的我，从求学生涯的默默支持到而今大小家事的辛苦操持，他们的"爱子心无尽"令我时常感恩；感谢我的太太，从青葱岁月到如今已过而立之年，她无怨无悔地陪伴和付出，为我养育的一双可爱儿女更是我前行的动力。本书的出版也是我献给他们的礼物。

最后还要郑重感谢中国科学技术大学出版社编辑为此书出版所付出的辛劳！

因学识浅薄和能力有限，文中不足之处自是难免，恳请大家不吝赐教，以督促我进步提升。愿我在未来前行的道路上不负我心，不负我生。

安　康

2022 年 10 月 27 于广州